KB081731

나의 첫 한문 수업

나의 첫 한문 수업

고전으로 세상을 잇는 어느 한문번역가의 종횡무진 공부 편력기

1판 1쇄 발행 2022년 9월 16일
1판 3쇄 발행 2024년 5월 1일

지은이 임자헌

펴낸곳 책과이음
대표전화 0505-099-0411
팩스 0505-099-0826
이메일 bookconnector@naver.com
출판등록 2018년 1월 11일 제395-2018-000010호

홈페이지 https://bookconnector.modoo.at/
페이스북 /bookconnector
블로그 /bookconnector
유튜브 @bookconnector
인스타그램 @book_connector

책값은 뒤표지에 있습니다.
잘못 만들어진 책은 구입하신 서점에서 교환해드립니다.

ISBN 979-11-90365-42-0 03700

책과이음 : 책과 사람을 잇습니다!

고전으로 세상을 잇는 어느 한문번역가의 종횡무진 공부 편력기

나의 첫 한문 수업

임자헌 지음

책과이음

글을 시작하며

그 옛날 글, 한문이라굽쇼?

나는 한문을 번역하는 사람이다. 낯선 사람들을 만나면 직업에 관한 이야기가 오가게 마련이고, 그래서 "번역을 합니다"라고 말하면 어째서인지 대개는 이런 반응을 보인다. "아, 영어를 잘하시나 봐요!" 조금 넓게 생각하는 사람들도 주로 현대 외국어 쪽을 많이 생각하고 물어온다. 그러다가 내가 "아니요, 한문을 번역해요"라고 하면 일단 "아!"라는 외마디 감탄사를 먼저 내뱉고, "한문이요?"라고 되묻는다. 익숙한 분야가 아니란 뜻일 것이다.

그 옛날 글, 한문이라굽쇼? 확실히 언어로도 번역으로도, 한문은 좀 낯선 분야이기는 하다. 한문에 대한 인상은 크게 두 종류로 나뉘는 것 같다. 오늘날 돌아보기에는 너무 낡은 케케묵은 것이라 생각하는 경우와 상당히 어려운 글이라고 생각하는 경우인데, 둘 다 맞는 생각이다. 현대 중국어가 있으니 한문은 확실히 케케묵은 옛날 것이 맞다. 한문을 한다고 하면 종종 중국어와 어떤 차이가 있냐는 질문을 받곤 한다. 당연히 뿌리가 같으니 비슷하다. 그러나 또 분명 다르다. 한 사회의 언어는 말과 글로 나뉘고, 글은 말을 반영하여 변화해가는데, 한문은 온전히 글을 위한 언어로 말에서 떨어져 나왔다고 할까? 아무튼 좀 특이하고 볼 수 있다.

오래전 학창 시절의 국어 시간을 떠올려보자. 그때 언젠가 구어체니 문어체니 하는 단어와 함께, 근대에 들어서며 글이 말을 반영하지 않은 상태에서 글과 말이 일치하는 형태로 변화해갔다던, 막 그런 뭔가 알 듯 말 듯 어렵던 수업을 들었던 기억이 아스라이 떠오르지 않는가? 글은 말을 반영한다. 그러나 말로 쓰는 단어나 표현과 글에 쓰는 단어나 표현이, 생각해보면 꼭 일치하지 않는다는 걸 알 수 있을 것이다. 말은 시간과 함께 흘러가지만 글은 고정된다. 고정되기 때문에 어쩔 수 없이 좀 더 엄격하다.

사실 그렇기에 글로 인해 말이 지켜지기도 한다.

중국어도 당연히 구어와 문어가 있는데 구어를 반영한 글을 백화문白話文이라고 하고 구어를 반영하지 않은 글을 문언문文言文이라고 한다. 그 문언문 중에서도 진秦나라 이전 시대와 한漢나라 이전 시대의 글이 문언문의 정통 지위에 있다. 이를 고대한어古代漢語라고 하는데, 이 고대한어의 문법과 문형을 기초로 해서 중국과 한국과 일본, 그 외 아시아의 여러 나라가 사용한 글의 언어가 한문漢文이다. 그러니까 한 시대의 언어를 딱 떼어 잘라내서 영구 보존시킨 상태라고 할까? 물론 이 한문도 시대마다 조금씩 변화를 보이고 나라마다의 특성을 반영하긴 한다. 그러나 그럼에도 이미 예전에 지나가버린 시대의 문헌들을 정통 문법으로 하기에 변화에는 한계가 있을 수밖에 없다. 지금의 중국어는 이런 글을 위한 언어인 한문이 아니라 1919년 5·4운동 시기를 분기점으로 해서 구어인 백화문을 정리해서 만들어진 말과 글을 일치시켜 사용하는 실제 활용 언어이다.

한문과 중국어는 같은 듯 달라서 느닷없이 내게 중국어를 묻는 경우도 종종 있는데, 한문을 잘해도 중국어는 따로 배워야 한다. 게다가 중국은 글자도 간체를 쓰기 때문에 번체를 쓰는 한문 사용자는 글자도 다시 익혀야 하는 번거로움이 있다.

들어가는 말인데도 벌써 복잡하고 무언가 어렵게 느껴지는 이 한문을 나는 서른 즈음에 처음 시작했다. 그리고 번역가가 되어 번역을 하고 그 과정에서 알게 된 내용을 토대로 글을 쓰며 산다. 한문은 예상만큼 어려웠지만 생각보다 훨씬 재미있었다. 그래서 나이의 벽을 기꺼이 뛰어넘을 수 있었다. 언젠가 고등학교 특강을 간 적이 있는데, 학생 한 명이 자기는 다른 길을 선택하기에는 이미 너무 늦었다고 한탄하듯 내뱉는 말을 들은 적이 있다. 10대가 이미 늦었다면 과연 우리는 어떤 나이에 무엇을 선택할 수 있을까? 중·고등학교 혹은 대학교에서 특강을 할 때마다 우리 교육은 세상을 너무 각박하게 가르쳐서 '너를 위해서'란 말로 어린 날개를 죄다 꺾고 있지 않은가 하는 안타까움을 느낀다. 세상은 실제로 그렇게 각박하지만은 않은데, 생각보다 너그러운데 말이다. 잘난 것도 없는 내가 굳이 이 책을 쓴 까닭은 내가 세상의 시간을 어기고 늦깎이로 공부를 시작해 그래도 여기까지 올 수 있었던 경험이 있으니, 그 경험을 나누어 새로운 꿈을 꾸는 누군가에게 조금이나마 힘이 되어주고 싶었기 때문이다.

멀쩡한 회사도 그만두고 결혼도 그만두고, '그런 길도 있어?' 싶은 길을 그럭저럭 잘 걸어왔다. 이 길에 접어들었을 때 사실 주변의 응원을 거의 받지 못했다. 넌 나이가 너무 많아서 안 된다고, 공부의 배경이 없어서 한계가 있다는 말도 꽤 많이 들었다. 그래도 누가 뭐라고 하든 내가 선택했으니 나에게 부끄럽지 않을 만큼은 걷자고 생각했고, 그 걸음이 지금까지 이어졌다.

나는 우리 사회가 조금 더 기회에 너그러워졌으면 좋겠다. 돈 버는 곳 따로 즐기는 곳 따로 두고 소확행(소소하지만 확실한 행복)을 하자고 말하는 것이 아니라, 내가 힘들어도 즐겁게 하면서 그걸로 돈까지 벌 수 있는 일을, 나이가 얼마가 되었든 자유롭게 선택할 만큼 울타리가 단단해졌으면 좋겠다. 그런데 그런 세상을 만들어가는 건 결국 우리 자신이니, 우리 개개인 모두가 남과 다른 선택을 하는 데 조금 더 용기를 냈으면 좋겠다. 이 책은 그런 시도를 감행하고 있는 모두를 응원하는 마음에서 풀어놓는 나의 기록이다.

차례

2장 ‖ 중급반 홀로 책임지는 공부

3장 ‖ 고급반 공부란 산을 쌓는 일과 같아서

4장 ‖ 전문가반 공부 그 이상의 공부

5장 ‖ 다시 새로운 길 역사는 어떻게 흐르는가

溫 故 而 知 新

기초를 쌓는 시간

1장 입문·기초반

한문과 인연을 시작하다

나는 한문을 번역한다. 언뜻 사람들에게 생소한 언어라고 할 수 있다. 나 또한 한문을 배우게 된 이후로 종종 한문학과를 나온 사람들에게 대체 어떤 마음으로 한문을 선택한 것이냐고 묻곤 했다. 현대 언어야 하나쯤 익히고 있으면 기술이 되니까, 좋아하든 싫어하든 그 언어를 익히는 자체가 낯설지 않은 일이다. 그런데 한문을 익힌다고 취업이나 장래에 크게 도움이 될 것 같지는 않고, 원체 현대와 접점이라고는 없어 보이는 케케묵은 언어이니,

굳이 이 언어를 선택해서 전공한다면 뭔가 처음부터 남다른 관심이나 달리 뜻한 바가 있어야만 할 것 같았다.

여기까지만 들어도 알 수 있겠지만 나는 한문에 관심이 있거나 관련이 있는 사람이 전혀 아니었다. 대학에서는 심리학을 전공했고, 사회에 나와서는 미술 잡지에서 취재부 기자로 일했다. 심지어 제2외국어로 배운 언어는 프랑스어였다. 대학을 졸업하고 첫 번째 직장에 다닐 때까지 한문은 나와 전혀 상관없는, 내가 앞으로 배우게 될 것이라고 상상조차 하지 못한 생소한 언어였다. 사람의 인생은 참 알 수가 없다. 계획한 대로 살아내는 사람도 물론 있긴 하지만 인생에는 문득문득 전혀 예상하지 못한 길이 펼쳐지곤 한다.

원래 내가 가장 관심을 가지고 배우고 싶어 했던 분야는 미술이었다. 어려서부터 그랬다. 그러나 미술을 전공해서 미술을 업으로 삼고 살아도 될 만큼 재능이 있느냐고 물으면 자신할 수 없었다. 자신할 수 없는 길을 들어서기에는 드는 비용이 만만치 않았고, 위아래로 형제도 있는 마당에 나에게만 막대한 투자를 해달라고, 그러나 그 끝은 장담할 수 없다고, 하지만 일단 좋아하니 배우게 해달라고 요구할 만큼 철이 없지도 못했다. 반드시 업으로 삼고 싶은 건지, 그저 관심이 있고 재미있는 건지 스스로에게 물어봤을 때, 어린 나는 그저 미술이 좋을 뿐이었다.

그렇다면 대학 들어가 아르바이트해서 취미로 배우면 될 일이지 싶어 미대 진학은 포기했다. 그러나 목표한 대로 대학에 진학해서 아르바이트를 시작하긴 했는데 그 돈으로 생활비 감당하고 또 미술학원까지 다니자니 너무 힘들었다. 생활비와 학원비를 다 대려면 아르바이트를 두 개 정도 해야 했고, 그러면 학과 공부에 아르바이트에 미술까지……. 시간도 없고 체력도 안 됐다. 그래서 다시 한 번 미술을 포기했다.

미술이 비소로 내게 온 것은 첫 직장에서였다. 〈월간 도예〉라는 도자예술 전문 잡지에 기자로 취직하게 되었는데, 그 잡지사에서도 미술을 전공하지 않은 사람을 기자로 채용한 것은 창간 이래 처음 있는 일이라고 했다. 직업을 핑계 대고 도자 예술을 배워볼까 생각했다. 충분히 개연성 있는 일이었다. 취재를 많이 다녔으니 좋은 선생님을 만나기도 어렵지 않았다. 하지만 그렇게 되면 나의 경계가 한 분야로 고착되어 좁아질 것 같았다. 기왕 시작하지 못한 일이니 더 넓은 미술의 세계를 경험한 뒤 어느 한 분야를 선택하는 게 더 좋겠다 싶었다.

그래서 더 규모가 크고 다양한 미술 영역을 다루는 미술 종합잡지 쪽으로 직장을 옮기거나 미술평론가가 되자는 생각을 품었다. 이리저리 알아보았는데 그즈음 기자를 뽑는 미술 잡지가 없었고, 하여 미술평론 쪽으로 마음을 굳혔다. 다음 단계는 미술사학과 대학원 진학이었다.

곧이어 미술사학과 수업 청강을 시작했다. 입시 요강을 보니 제2외국어 시험이 있었다. 영어 시험도 봐야 하는데 비슷한 종류의 언어인 프랑스어를 하자니 좀 부담스러웠다. 영어도 아주 잘하지 못하는데 이것까지? 참 막연하고 우스운 일이지만, 제2외국어를 다른 걸로 바꿔볼까 하는 생각이 들었다. 갑자기 몇 달 안에 첫걸음 떼는 언어를, 그것도 그 언어만 하는 것도 아닌데 어떻게 시험 볼 수준까지 실력을 끌어올릴 수 있을까? 그 막연하고 무모한 생각을 하고 있는데 문득 '한문'이 보였다. 제2외국어에 한문도 있었던 것이다. 이거라면 그래도 중·고등학교 수업 시간에 조금 배우지 않았는가! 아주 첫걸음은 아니다! 게다가 미술 잡지에서 맡고 있던 분야가 전통 도자여서 미술사학과에서 전공하려 마음먹은 분야도 동양 전통 미술 쪽이었으므로 한문을 배워두면 앞으로 도움이 되겠다 싶었다.

이렇게 해서 한문과 인연이 닿았다. 내가 한문을 배우겠다고 하자 같이 대학원을 준비하던 친구가 자기도 함께 배우겠다며 한문을 배울 만한 곳에 관한 정보를 알아보기 시작했다. 얼마나 안일했던지, 모든 정보는 그 친구가 검색했고, 나는 그저 중·고등학교 때 배웠던 한문책 좀 다시 보면 되지 않을까 막연히 생각했을 뿐이다.

친구가 한국고전번역원 고전번역연수원에서 한문 방학 특강이 열린다는 정보를 알아왔다. 이곳이 가장 믿을 만하게 한문을 가르쳐주는 곳이라면서, 한문을 배우려면 여기서 배워야 한다고들 하더라고 말해주었다. 심지어 등록도 그 친구가 해줬다. 《논어論語》 수업과 《맹자孟子》 수업이 있었는데 우리는 《논어》 수업을 신청했고, 그렇게 그해 여름 처음으로 한문을 배우기 시작했다.

나의 첫 한문책, 《논어》

부푼 기대를 안고 첫 수업에 갔다. 어떤 한문책을 봐야 하는지 몰라서 빈손으로. 강의실 앞에 책을 늘어놓고 팔고 있는 이가 있었다. 잠시 들여다보니, 헉! 〈역사스페셜〉에서 참고자료를 인용할 때 쓰는 그 옛날 한문책 같은 것을 팔고 있는 것이 아닌가! '흥! 웃겨~ 무슨 이런 책을? 인류가 달에 갔다 온 게 언젠데 아직도 이런 책을 본단 말이야?' 진심 이렇게 코웃음 치면서 나중에 기념품으로 한 권쯤 가지고 있으면 좋겠다고 생각하며 강의실에 들어갔다. 선생님이 들어오셨고, 선생님은 너무 당연하다는 듯이 그 책으로 수업을 하겠다고 말씀하셨다. '뭐라고??' 안으로 비명을 지르며 달려나가 당장 그 기념품 같은 책을 샀다.

수업이 시작되었다.

중·고등학교 때 한문을 배웠으니까 그래도 어느 정도 따라갈 수 있지 않을까 하는 여유작작한 마음과 함께 펼쳐 든《논어》는 숨이 턱 막히게 막막했다. 아는 글자라고는 아들 子자, 어조사 也야, 가로 曰왈, 그 其기, 아비 父부, 어미 母모, 임금 君군, 신하 臣신 자 정도? 그야말로 검은 것은 글자고 흰 것은 종이인 수준이었다. 막막함이 나를 덮쳤다. '올겨울에 입시를 봐야 하는데 내가 과연 이 수준에서 몇 달 안에 얼마나 더 나아질 수 있을까? 시험을 보는 게 가능이나 할까?'

나는 누구고 여긴 어디고 내가 왜 여기에 있나 하는 심각한 고민과는 상관없이 선생님은 죽죽 진도를 나갔다. 기왕 온 거 들어나 보자고 수업 내용에 귀를 기울였다. 그런데 나름 재미가 있는 것이었다!

논어 첫 구절은 너무나 유명하다.

"子曰, 學而時習之, 不亦說乎. 有朋自遠方來, 不亦樂乎. 人不知而不慍, 不亦君子乎."

(배운 걸 자꾸 복습해서 내 것으로 만들면 정말 기분 좋지 않나요? 먼데서 뜻 맞는 친구가 찾아오면 너무나 즐겁죠! 남이 나를 몰라줘도 열받지 않으면 진짜 제대로 배운 사람 아니겠어요?)

선생님은 토를 붙여 읽으셨다. "자왈, 학이시습지(면) 불역열호(아). 유붕(이)자원방래(면) 불역락호(아). 인부지이불온(이면) 불역군자호(아)." 그러면서 한문을 읽을 때 반드시 토를 붙여야 한다고 강조하셨다. 토를 붙여 읽을지 아닐지는 개인의 선택이지만 토를 붙여 읽으면 해석의 70퍼센트 정도가 끝난 것이고, 또 스스로 어떤 방향으로 해석할지 규정지으면서 읽어나가는 셈이라 나중에 해석을 고치기도 더 쉬우니 되도록 토를 붙여 읽어버릇하라는 말씀이었다. 뭔가 대단한 비법을 전수받는 기분이었다. 어떤 요리 명장이 대중에게 결코 공개하지 않는 자신만의 비법을 극소수의 제자들에게 전수하는 장면 속에 들어 있는 느낌이랄까? 어쩐지 토 붙여 읽기를 잘하면 한문을 굉장히 잘하게 될 것 같아 모종의 기대감이 생겨났다.

선생님은 이어서 한 글자 한 글자 짚어가며 해석해주셨다. 익힐 習습 자는 아기 새가 자주 날갯짓하여 나는 법을 배우듯 하는 것이어서 時[시]와 짝을 이루니 時를 '때로'라고 번역하면 '자주'라는 의미가 살지 않으므로 '때때로'라고 해야 한다고 말씀하시는데, 뭐랄까 아주 전문적으로 잘 배우고 있다는 느낌이 들었다.

또 시중에 나와 있는 번역책은《논어》본문까지만 해석한 것이 많은데 여기서는《논어집주論語集註》라고 해서 송나라 때 성리학을 집대성한 주희朱熹, 朱子가《논어》에 주를 달아놓은 책을 교본으로 사용했다. 당연히 그 모든 주를 전부 다루기 때문에 확실히 더 깊이 배우고, 더 정확하게 한문을 익히는 데 도움을 받을 수 있었다.

어쨌든 내 실력과 상관없이 나는 이 기관의 수업에 높은 점수를 주었고(풋! 내가 뭐라도 되는 듯이!), 계속 열심히 다녀봐야겠다는 생각이 들었다. 뭐든 배워두면 앞날에 도움이 될 거라는 여유 넘치는 자세로!

꼼꼼하게 배워가는 한문은 재미가 있었다. 하나하나 짚어가면서 배워서 그런지, 예전에 대학에서 보고서 쓰느라 억지로 읽은《논어》는 다 이 말이 그 말 같고 저 말이 이 말 같고 크게 인상적인 부분 없이 좋은 말만 가득한 재미없는 책이었는데, 이번에는 재미가 있었다. 왜 그때 그렇게 그냥 고루하게 좋은 말 정도로 치부했는지 이해가 안 될 정도로 흥미로웠다. 이전까지는 공자가 세계 4대 성인에 들어가니 당연히 좋은 말을 하긴 했겠으나 시대와 맞지 않는 케케묵은 옛날 사고를 하는, 지금 세대가 함께 하기엔 조금은 졸리는 사람이라고 생각했는데, 직접 들여다보니 전혀 아니었다. 오히려 지금 사람들보다 훨씬 세련되고 대담하기까지 했다. 예를 들어 이런 구절이 있다.

"누가 미생고더러 정직하답디까? 어떤 사람이 식초 빌리러 왔는데 자기 집에 식초가 없으니까 옆집까지 가서 빌려다 주더만."

정직에 대한 공자의 관점이 너무 흥미롭지 않은가? 없으면 없다고 하면 그만이지 빌려서 갖다줄 것까지야 있겠냐는 말이다. 정직이란, 있으면 있다고 하고 없으면 없다고 하는 것이다. 그리고 공자는 이 작은 행동에서 그가 남에게 좋은 인상을 남기기 위해서라면 정직을 왜곡할 가능성이 있음을 본다. 지금 누군가 미생고처럼 행동하면 좋은 사람이란 평가를 받을 것이고, 부정적인 평가를 받는대야 겨우 '원, 오지랖은!' 정도일 것이다. 누구나 이런 평범한 평가에서 벗어나지 않는다. 그래서 공자의 해석이 참 신선하고 매력적으로 다가왔다. 또 이런 구절도 있다.

“원래 산천의 신에게 제사를 올릴 때는 순색의 소를 써야 하지. 그래서 얼룩소는 희생 제물로 쓸 수가 없네. 하지만 얼룩소의 새끼라도 얼룩얼룩한 제 부모와 달리 붉은 순색을 띠고 있고 뿔도 적당히 알맞다면 제물로 못 쓸 이유가 있겠나? 희생을 올리는 사람이야 그게 얼룩소의 새끼라고 그 출신 따져서 안 쓰려고 할 수도 있겠지. 하지만 제사를 받는 산천의 신은 제사에 쓰인 소 자체를 보지 그 소의 출신을 따지지 않아. 지금 자기를 위한 제사에 사용되고 있는 소가 순전하면 출신이야 어떻든 그 제사를 흠향하는 거네.”

제사에 쓰는 소는 순색이어야 한다. 그래서 제사를 치르는 사람들은 그 소의 부모부터 순색일 것을 요구한다. 그러나 공자는 말한다. 제사에 쓸 소가 순색인데 신이 그 제사를 받지 않겠느냐고. 그 신이 소의 부모까지 따져가며 이 제사 못 받겠다고 하겠느냐고.

이 이야기의 비유 대상인 공자의 제자 중궁은 아버지가 천한 사람이었고 행실도 나빴지만 중궁은 자기 아버지와 달리 인품과 재능이 특출했다. 공자는 아버지를 보고 아들을 평가하지 않았으므로 중궁을 제자로 받아들였고, 심지어 군주 자리에 앉혀도 좋을 인물이라고 칭찬하기까지 했다.

지금 우리 사회는 어떤가? 있던 차별도 없어져야 하는 마당에 되레 아이들에게 차별하는 법을 열심히 가르치고 있지 않은가? 어떤 집에서 사니, 부모는 어떤 사람이니, 성적은 어떠니……. 그 사람 자체가 아니라 그 사람을 둘러싼 온갖 것을 따져 기회를 박탈하고 있지 않은가.

또 우리는 공자가 깐깐하게 쓸데없이 구석구석 예의를 따지는 인물이라고 생각한다. 예의를 중시하는 우리나라의 문화가 유교에서 왔고, 유교의 종주는 공자이니, 공자는 분명히 허례허식이나 좋아하는 사람일 것이라고 말이다. 그러나 실제 공자는 이와는 꽤 다르다. 공자는 이런 말을 했다.

> "모자를 쓸 때 복잡한 과정을 거쳐 최고로 가늘게 뽑아낸 삼베로 만든 것을 쓰는 게 원래 예법에 맞지만 지금은 생사로 짠 것을 쓰지 않습니까? 검소한 거죠. 저는 지금 사람들이 하는 대로 따르겠어요.
>
> 존경하는 사람을 만날 때 대청 아래에서 인사하는 것이 예법에 맞는데 지금은 대청 위에서 인사하지 않습니까? 교만한 거죠. 지금 문화랑은 안 맞는다 해도 저는 대청 아래서 인사하는 걸 선

택하겠어요."

공자는 예禮라 해서 무턱대고 지키지 않았다. 그는 예의 정신에 대해 깊이 생각하는 자세를 놓치지 않았다. 왜 이러한 예가 만들어졌는지, 왜 예라는 것을 지키는지, 그렇다면 나는 이 예법을 어떻게 받아들일 것인지 생각하고 행동했다. 예는 행동강령을 외워 그대로 따르는 기계적인 대상이 아니라 그 정신과 원칙을 알고 상황에 맞게 변용해야 하는 것임을 나는 오히려 《논어》를 공부하며 배웠다.

귀찮아서, 이게 편하니까, 좋은 게 좋은 거니까……, 이런 건 이유가 아니다. 세상은 혼자 살아갈 수 없고, 더불어 살아간다면 서로 지켜주고 배려해야 하는 영역이 반드시 생기게 마련이다. 내가 귀찮다고, 편한 게 좋다고, 너도 대충 하라고, 그렇게 퉁 치며 뭉갤 수 없다. 내 입장에서는 그러고 싶겠지만 타인이 나에게 그렇게 행동해도 기분이 좋을까? 상대가 편해서 나를 함부로 대하는 게 정당한 행동일까?

생각해보면 쉽게 답할 수 없을 것이다. 행동에는 정당한 기준이 있어야 하며, 또 그 기준을 세우는 데는 기본 정신과 원칙이 필요하다. 그리고 그렇게 해서 나온 결론은 때로 세상의 유행과 다를 수 있다. 세상을 살다 보면 우리는 원칙을 세워 정당한 이유를 갖고 행동하기보다 남들이 그렇게들 하니까 따라 할 때가 많고, 눈치를 봐서 다수 쪽으로 휩쓸릴 때가 많다. 그리고 '다들 그러잖아'를 자기 행동의 근거로 삼는다. 다수를 따르는 것은 편해서이기도 하지만 외따로 떨어지는 데 대한 두려움이 있기 때문이기도 하다. 나는 공자에게서 원칙을 숙고하여 기준을 세우는 자의 용기를 보았다. 새롭게 만난 공자는 꽤 멋진 사람이었다.

읽고 또 읽고

공부를 하다가 사려 깊고 멋진 공자를 발견했다고 해서 한문을 수월하게 배워나갔다는 뜻은 전혀 아니다. 일단 내용이 재미있어서 다니기는 하지만 모르는 글자가 많아도 너무 많았다. 본문을 읽어보는 것은 고사하고 글자 찾다가 하루가 다 갔다. 처음 해보는 공부인 데다가 한문책 본 적 있는 사람들은 알겠지만, 정말 그림도 없고 띄어쓰기도 없고 문장부호도 없고 내내 그냥 글자만 있는 형태였다. 숨이 막힐 정도로 글자만 빽빽했다. 가르치는 선생님도 그리 재미있으신 분은 아니었다. 예시나 설명으로 분위기를 전환한다든가 하는 법 없이 줄곧 한문을 읽으며 해석하고 약간의 내용 설명만 해나가실 뿐이었다. 한마디로 졸기 딱 좋은 수업이었다.

정말 자주 졸았다. 한 번도 졸지 않은 수업은 없었던 것 같다. 조금이라도 꼭 한 번씩은 수업 중에 졸다가 뚝! 머리가 떨어졌다. 가뜩이나 무더운 여름인 데다 저녁 6시 30분부터 9시 30분까지 무려 세 시간에 걸쳐 수업이 진행되었으니, 낯설고 딱딱하고 길고 빡빡한 수업 속에서 내가 졸지 않을 길은 없었다.

당연히 앞자리에서 수업을 들을 순 없었다. 양심이 있지, 그렇게 졸면서 앞자리에 앉아 선생님에게 좌절감을 안겨드릴 수는 없는 노릇이었다. 이때부터 한문을 배우는 내내 나는 뒷자리를 고수했다.

졸다가 깨면 주위엔 온통 모르는 사람들 뿐, 친구와 함께 등록하긴 했어도 늘 붙어 다니는 것이 아니므로 함께 앉을 수 없었다. 게다가 날 위해 친구더러 뒷자리에 앉으라고 할 수도 없는 것 아니겠는가? 졸다가 깨면 진도가 저만치 달려가 있는데 한자도 잘 모르면서 지금 어디쯤 하고 있는지 스스로 찾아내는 것은 일종의 모험이었다.

그런데 나는 이 모험이 재미있었다. 일종의 쪽지 시험 같았달까? 어디쯤 있는지 모르는 글자를 헤매고 헤매 찾아내면 그게 그렇게 뿌듯할 수 없었다. 내 한자 실력이 조금 는 것 같고, 이 낯선 세계의 지도를 찾은 것 같고, 그래서 혼자 '나 천재 아냐? 나 한문에 재능 있는 것 아냐?' 하면서 스스로 꽤나 뿌듯해했다. 그렇게 지금 수업하고 있는 부분을 찾고 나면 잠시 또 열심히 맹렬하게 받아 적으며 공부에 몰두했다. 그러다가 지치면 또 책 여백에 낙서하고 모르는 한자를 끄적거리면서 혼자 머리를 식히기도 하고, 그렇게 나름 세 시간의 긴 수업에 적응해갔다.

무슨 자신감으로 그렇게 여유 있게 다녔는지 모르겠다. 시험을 치려고 배우는 주제이면서 '나는 처음 하니까 모르는 게 당연하지!'라고 위안하며 스스로에게 한없이 관대했다. 졸리면 졸고, 그러다 재밌으면 열심히 해보기도 하고, 예습도 복습도 다 마음 내키는 대로 했다.

다만 반드시 수업엔 참석했다. 당시 내가 세운 원칙은 이랬다. '내가 소화할 만큼만 공부하자. 그 대신 빠지지 말자. 반드시 개근하자.' 성적 강요가 없어서인지 공부는 할 만했다. 내용이 재미있다면서 왜 조는 거냐고 내게 따져 묻는 이 없는 공부는 쉬이 질리지 않았다. 무사히 여름방학 《논어》 특강을 내 결심대로 개

근으로 끝마쳤다. 외로웠지만 처음 맛보는, 내내 즐겁기만 한 공부였다. 앞으로 계속 배워볼 만하겠다는 생각이 들었다.

그런데 여름방학 특강이 끝날 즈음 걱정이 생겼다. 대학원 시험은 겨울인데 한번 배워보니 한문을 혼자 하긴 어려울 것 같고 어디서 계속 공부해야 할까 싶었던 것이다. 한문 학원은 도무지 어디가 좋은지 몰라서 선생님께 여쭈어보았다. 선생님은 내 질문을 듣고 이렇게 물으셨다.

"이전에 한문 배우신 적이 있나요?"

나는 해맑게 대답했다.

"아뇨. 이 여름 특강이 처음인데요."

선생님의 얼굴이 급격히 어두워지며 대답을 피하셨다. 이후로 감감무소식이었다. 그 상태로 거의 마지막 수업이 가까워져오고 있었으므로 기다리던 나는 더는 지체할 수 없겠다 싶어 다시 여쭈었다. 선생님은 여전히 곤란해하셨지만 나는 포기하지 않았다. 선생님은 결국 어쩔 수 없다는 표정으로 예전에 함께 공부한 고전번역원 번역위원 선생님을 소개해주셨다.

처음엔 거기가 학원인 줄 알았는데, 선생님 번역 사무실이자 함께 공부하는 동기와 선후배들 공부방이었다. 이름이 '이택재麗澤齋'였는데, 거기에 처음 갔을 때 풍경이 지금도 눈에 선하다. 소개를 받고 간 내게 처음 친절히 인사를 건네시다가 내가 한문에 완전 초짜라는 것을 알게 된 순간 그곳 선생님은 한순간 표정을 정리하지 못하고 잠시 굳으셨다. 나는 또 해맑게 웃으며 말했다.

"괜찮아요. 그냥 제가 다 알아서 할게요. 가르쳐만 주세요."

알아서 하긴 뭘 다 알아서 하나……. 한문을 배우고 한참이 지난 뒤에야 선생님의 표정이 굳어버린 이유를 알 수 있었다. 당시에 나는 한문이 현대 외국어처럼 문법이 따로 있어서 단어만 익히면 어떻게든 해석이 되는 언어인 줄 알고 있었다. 단어를 외는 것이야 내가 알아서 할 일이지 기본적인 문법의 골격만 익히면 어떻게든 해석을 짜 맞춰볼 수 있지 않겠나 생각한 것이다. 게다가 제2외국어 시험은 시험장에 사전을 가지고 들어가게 한다고 했으니 사전만 잘 찾으면 그럭저럭 해낼 수 있겠지 싶었다.

그러나 놀랍게도 한문은 문법이 없다. 한문을 배우는 사람들이 가장 당황하고 어려워하는 지점이 바로 여기다. 정해진 문법이 없기에 일단 많은 문형을 외우고 익혀 머릿속에 저장해두어야 비로소 해석할 수 있다. 한문의 기본서라 하면 대개 사서삼경四書三經을 말하는데, 이것은 이 책들이 유학의 기본 개념을 담고 있어서이지만 한문의 문법책이 되기 때문이기도 하다. 특히 《논어》와 《맹자》는 그 자체로 그냥 한문 문법책이라고 보면 된다.

한문을 하려면 두 책을 정말 읽고 또 읽어야 한다. 달달 외듯 읽어서 이 책의 문형이 내 안에 새겨지게 해야 한다. 특히 《맹자》가 좋다. 《논어》는 본문 내용이 짧으니 주註까지 함께 읽어야 하지만 《맹자》는 본문 내용이 길어서 주까지 외지 않아도 문형을 충분히 익힐 수 있기 때문이다. 《맹자》를 1,000독 하면 저절로 문리文理가 난다고 한다. 물론 나도 1,000번은 읽지 못했다. 하지만 백 단위까지는 본 것 같다.

이때 주의할 점은 소리 내서 읽어야 한다는 것이다. 한문도 언어이므로 다른 언어와 학습법이 같다. 말이 먼저 있고 글이 생겼다. 말을 담은 것이 글이다. 그래서 눈으로만 봐서는 언어를 익히기 쉽지 않다. 소리 내서 읽으며 그 소리를 들어야 빨리 익혀진다. 여하튼 이런 한문의 특성을 전혀 모르고 일자무식한 상태로 '할 수 있어요!'만 말하고 있었으니 선생님이 당황하실 수밖에……!

《맹자》에 반하다

일자무식했지만 나는 이택재에서 받아들여졌고, 곧 공부를 이어나가게 되었다. 거기서 《맹자》와 《고문진보古文眞寶》를 배웠다. 무엇보다 시험을 위한 공부이니 한문의 기본 문형을 익히고, 문장가들의 글을 살펴볼 수 있는 책을 선택한 것이다. 번역원 연수원 방학 특강 때 배운 《논어》도 재미있었지만 내가 진짜 한문에 매력을 느끼게 된 건 《맹자》를 배우면서부터였다.

선생님은 내가 한문을 읽고 해석하게 하는 방식으로 수업을 진행하셨다. 일단 내가 원문을 읽고 (맞는 해석이든 아니든) 먼저 해석을 하고 나면 선생님께서 틀린 부분을 고쳐주시고 헛갈릴 만한 부분이나 까다로운 부분을 설명해주시며 진도를 나갔다.

나 같은 초짜가 뭘 알아 해석을 하겠나? 당연히 예습을 해 가야만 했다. 먼저 글자를 찾고, 다음은 번역서와 원문을 같이 두고 대조해가면서 해석 순서를 외웠다. 학교 다닐 때도 이렇게 열심히 예습한 적은 없었던 것 같다. 복습도 잘 하지 않는 편인데 그 어렵다는 예습을 했을 리가. 시험 때 우다다다 공부하고 그만이었지. 하지만 이번엔 선택의 여지가 없었다. 일대일 수업이니 한문 초짜인 내가 예습을 하지 않으면 수업 자체가 불가능해지기 때문이다. 나로 인해 수업을 공치는 건 바쁜 시간 쪼개가며 굳이 안 맡아도 되는 나를 맡아주신 선생님에 대한 예의가 아니었다.

그렇게 공부해본 《맹자》는 진짜 재미있었다. 말투도 시원시원했지만, 재치가 있어서 읽는 맛이 있었고, 내용 또한 굉장히 감동적이었다. 예습을 하느라 《맹자》 본문을 읽고 또 읽다 보면 나도 모르게 눈시울이 붉어지곤 했다. 종종 강의할 때 처음 《맹자》를 읽으면서 눈물을 흘렸다고 말하면 수강생들은 '엥? 《맹자》를 읽으면서요? 대체 왜?'라는 표정으로 나를 바라보곤 한다. 나도 내가 《맹자》를 읽다가 눈물짓게 될 줄은 미처 몰랐다. 고루하고 뻔

할 거란 선입견으로 읽어나가기 시작한 책은 생동감과 인간에 대한 애정으로 가득했다. 《맹자》의 매력을 느끼는 데는 첫 장인 〈양혜왕梁惠王〉 편만으로도 충분하다. 맹자는 처음 만난 양혜왕에게 이렇게 말한다.

"지금 왕께서는 국민의 삶을 제대로 돌보지 않아서, 상류층의 집에서는 가축들이 사람도 못 먹는 양식을 먹고 살이 오르고 있는데도 단속할 줄 모르고, 일반 국민은 입에 풀칠도 제대로 하지 못해 주려 죽은 시체가 거리에 널려 있는데도 나라의 창고를 열 줄 모르시죠. 그러고는 사람이 굶어 죽으면 이렇게 말씀하시죠.

'내 탓이 아니야. 흉년이 들어 그런 걸 나보고 어쩌라고!'

이건 사람을 칼로 찔러서 죽여놓고는, '내 탓이 아니야. 무기가 찔러 그런 걸 나보고 어쩌라고!'라고 말하는 것이나 뭐가 다릅니까? 왕께서 흉년 탓을 하지 않으시면 온 세상 사람들이 모두 왕께로 올 것입니다."

맹자가 이렇게 말하자 양혜왕은 조금 더 가르침을 주기를 청한다. 이에 맹자는 말을 계속 이어간다.

"사람을 죽일 때 몽둥이로 죽이는 것과 칼로 죽이는 것이 다릅니까?"

"다르지 않습니다."

"그렇다면 칼로 죽이는 것과 정치로 죽이는 것은 차이가 있습니까?"

"없습니다."

"당신의 식탁에는 끼니마다 살이 잘 오른 고기가 올라오고, 당신의 마구간에는 윤기 흐르는 말이 가득한데, 국민은 굶주려서 얼굴은 누렇게 뜨고 눈은 퀭하기 그지없으며, 성 밖 교외에는 굶어 죽은 시체가 뒹굴고 있습니다. 그렇다면 이것은 짐승에게 사람을 먹여 기른 것이죠. 약육강식의 생태계에서 짐승들끼리 서로 먹고 먹히는 것도 사람들이 질색하는데, 나라의 지도자가 되어서는 국민을 지배층이 키우는 동물들의 먹잇감이나 진배없는 처지로 내모는 지경이라면 어딜 봐서 지도자라 할 수 있겠습니까? 공자는 이런 말을 했습니다.

'처음 인형이란 것을 만든 사람은 후손이 없을 것이다!'

인형이란 게 무엇입니까? 지배층이 죽었을 때 그 부인이나 하인들을 함께 매장하던 순장殉葬 풍습을 좀 개선해볼 요량으로 만든 것 아닙니까? 그러나 사람을 본떠서 만든 것이니 심리적으로는 산 사람을 묻는 것이나 마찬가지죠. 그 내면에 깔린 마음이 참으로 잔인한 풍습입니다. 그래서 공자는 심각하게 우려했던 것이에요. 사람 모습을 본뜬 인형을 매장하는 것도 잔인해서 차마 해서는 안 되는 짓인데, 어떻게 멀쩡히 살아 있는 사람을 굶겨 죽일 수 있단 말입니까?"

맹자는 양혜왕에게 자기를 등용해서 나라를 운영해볼 기회를 달라 청하는 입장이었다. 당시 중국은 끝없는 전쟁이 이어지던 시기였으므로 정치철학자들은 이렇게 각 나라를 돌아다니며 자신의 철학을 팔아 등용되기를 청했다. 한마디로 맹자는 아쉬운 입장이었다.

그러나 그의 말 속에서는 아쉬움을, 비굴함을, 어떻게든 등용되고자 군주의 비위를 맞추려고 빈틈이나 노리는 자세를 찾아볼 수 없다. 사랑仁과 정의義라는 원칙으로 건강한 나라를 세우고자 했던 맹자는 늘 당당한 모습이었다. 지적해야 할 문제를 교묘히 굽혀 듣기 좋게 제시하지 않고, 있는 그대로 짚고 넘어갔다.

굶어 죽은 시체가 즐비한 당시의 풍경에 맹자가 얼마나 마음 아파했는지 보였다. 나라의 근본이 되면서도 지배층에게 착취당해 벼랑 끝으로 내몰리는 평범한 사람들의 모습이 그때나 지금이나 다르지 않은 데 마음이 아팠고, 비록 자기 코가 석 자인 상황이지만 이를 외면하거나 어설피 에두르지 않고 왕에게 목소리를 높이는 맹자의 용기가 멋있고 부러웠다.

맹자가 고국인 추鄒나라 왕인 목공穆公과 나눈 대화도 재미있었다. 추나라가 노魯나라와 한판 붙은 일이 있었는데, 이때 일에 대해 목공은 맹자에게 한바탕 화난 속을 풀어냈다.

"으으으! 화가 나서 참을 수가 없네요! 이번 무력충돌에서 사망한 내 고위 간부들이 33명입니다. 그런데 이들의 관할 지역 백성은 전투에서 한 명도 안 죽었어요. 다 슬슬 뒤로 내빼 제대로 맞서 싸운 사람이 한 명도 없었거든요. 싹 다 죽이자니 너무 많고, 안 죽이고 놔두자니 자기들 윗사람과 지도자들이 죽는 걸 빤히 보면서도 전투에 뛰어들지 않고 고소하다는 듯 지켜만 보고 있던 것이 괘씸합니다. 어떡하죠?"

맹자는 목공의 말을 한심하다는 듯 듣고 있다가 불난 집에 기꺼이 부채질을 한다.

"최악의 경기불황을 겪는 당신의 백성을 보십시오. 힘없는 노약

자들은 죽어나가고 청장년들은 구걸하고 노숙하며 이리저리 떠도는데 그 수가 대체 얼마인지조차 모를 정도입니다. 그런데 당신 창고에서는 음식이 썩어나가고 당신 잔고는 다 쓰고 죽지도 못할 정도로 차고 넘치죠. 그들 모두를 충분히 돕고도 남을 재산입니다. 하지만 당신 옆의 고위 관료들은 백성의 고통스러운 실상을 당신에게 보고하지 않았어요. 그들의 태만한 업무 태도가 그들이 돌봐야 하는 사람들을 죽음으로 내몬 겁니다.

증자曾子께서 이런 말씀을 하셨죠.

'경계하고 경계하라! 네게서 나온 것이 네게로 돌아가나니!'

이렇게 보면 백성이 입때껏 관료와 지도자들에게 당해온 것을 갚아준 것입니다. 그러니 그들에게 뭐라 하지 마세요. 만약 당신께서 백성을 아끼고 보호하는 정치를 행하신다면, 이 사람들이 그 관료와 지도자들을 좋아하고 친숙하게 느끼며, 위기가 닥치면 목숨도 기꺼이 바칠 것입니다."

평범한 백성은 지배자의 착취 대상인 것이 너무도 당연한 시절이었다. 그런 시대를 살다 간 사람이 이런 말을 한다는 게 놀라웠다. 이런 사람이라면 더 깊이 만나보고 싶었다. 그리고 맹자는 결코 나의 기대를 무너뜨리는 법이 없었다. 그 덕분에 버거운 예습에도 불구하고 즐거운 마음으로 수업을 다녔다.

그러는 사이 내 마음은 미술사학보다는 한문 쪽으로 점점 기울기 시작했다. 대학원 진학을 위해 시작한 공부였지만 한문을 놓기가 아쉬웠다. 한문을 계속하려면 여름 특강을 들었던 한국고전번역원의 부설기관인 고전번역연수원에 입학해야 했다. 이대로 대학원에 진학한다면 대학원 공부도 처음 해보는 것이라 전공 실력을 쌓기만도 벅찰 텐데 거기에 번역원 연수원까지 들어가서 한문 공부를 병행할 수 있을까? 너무 힘들 것 같은데……. 그래도 한번 저질러봐? 고민스러웠다.

그러나 인생은 한 치 앞을 모르는 것. 고민은 쓸데없었다. 합격을 해야 고민이라도 하지……. 대학원 입시에 낙방했다. 마음이 떠나서 이런 결과가 나온 것일까?

여하튼 떨어졌고, 당시 나는 회사를 그만둔 상태였기에 아예 아무 데도 가지 않을 수는 없었다. 어디에라도 적을 두고 있어야만 했다. 번역원 연수원 입학은 내게 반드시 해야만 하는 일이 되었다.

그러나 번역원 연수원도 내가 원한다고 그냥 들어갈 수 있는 곳이 아니었다. 입학시험이 있고 거기에 합격해야만 다닐 수 있었다. 번역원 연수원 시험은 한문번역이다. 단구번역 몇 문제와 장구번역 몇 문제가 나오는데, 먼저 시험문제로 한문에 구두점句讀點을 찍고 번역을 해야 했다. 이것도 한문을 처음 접하는 내게는 결코 만만치 않은 도전이었다.

어차피 만점은 남의 일

입학시험에는 생각보다 많은 사람이 왔다. 한문을 배우려는 사람이 이렇게나 많은 줄 그때 처음 알았다. 시험장에 빈자리 없이 사람이 꽉 찼다. 떨리는 마음으로 앉아 배부되는 시험지를 받아 보았다. 거의 《논어》에서 출제되었는데, 한 번 배웠던 책이라도 《논어》에 한두 구절만 있는 것도 아니고 거의 기억이 나지 않았다. 구두점도 찍히지 않은 한문을 보고 구두점을 찍어가면서 한 글자도 빼놓지 않고 정확히 번역하려니 너무 긴장이 되어 손에서 마구 땀이 솟았다.

시험장에는 늘 그런 사람들이 있다. 나는 하나도 모르겠어서 볼펜이나 잘근잘근 씹으며 글자를 노려보고 있는데 하늘 한 번 쳐다보고 문제 한 번 들여다보고 주르륵 써 내려가는 사람들 말이다. 내 대각선 앞자리에 앉아 있는 사람이 바로 그랬다. 와~, 뭐 하나 막힘이 없이 줄줄 써 내려가는 모습이 부럽기 그지없었다. 그런 사람 옆에서 나는 그 와중에 엄청난 번역 실력을 선보이고 말았다!

시험문제 중에 '宰予晝寢子曰朽木不可雕也糞土之牆不可杇也'가 나왔는데, 여기에 구두점을 찍고 번역해야 했다. 구두점을 찍는다는 것은 구두를 떼는 지점, 즉 읽기 편하게 문장을 끊는 지점에 점을 찍어 표시하는 것이다. 위의 문장에 구두점을 찍으면 다음과 같다. '宰予晝寢, 子曰, 朽木, 不可雕也, 糞土之牆, 不可杇也.' 구두점을 찍은 뒤에는 이렇게 번역하면 된다.

재여가 낮잠을 자니 공자가 말하기를, "썩은 나무는 조각할 수 없고, 썩은 흙으로 만든 담장은 흙손질할 수 없다"라고 하였다.

이 문제를 보고 나는 어렴풋이 '썩은 나무 어쩌고~' 하는 대목이 있었다는 것을 떠올렸다. 그래서 뒤는 어떻게 해보겠는데 앞을 도무지 모르겠는 거다. 고작 한 번 배운 《논어》로 어떻게 공자 제자 이름을 다 외우겠는가? 그래도 그중 유명한 제자인 안연顔淵은 학교 다닐 때 배웠으니까 정확히 알고, 안연 이상으로 자주 나오는 자로子路나 자공子貢이란 제자도 당시에는 아리까리한 마당이었는데, 재여를 내가 기억할 턱이 있나! 그래도 어쩐지 사람 이름 같기는 했다. 그래서 고심 끝에 구두점을 '宰予晝寢子曰'까지 한꺼번에 찍고 이렇게 번역했다.

재여가 주침자에게 말하기를!

시험 끝나고 나서 이 문제의 정답을 확인한 나는 모래더미에 머리를 처박고 싶었다. 나 자신이 너무 창피했다. 그러나 결과는 합격!

시험이란 게 그렇다. 대개 시험을 친 사람들은 한 문제 맞춰보고 일희일비하는데, 시험에는 '여러' 문제가 나오고 당락은 그 여러 문제 전체가 결정한다. 한 문제를 너무 강렬하게 틀려서 내 심장은 쪼그라들었지만 다른 문제는 그다지 기억이 나지 않을 만큼 그럭저럭 정상적으로 썼던 것이다.

시험에는 대담함이 필요하다. 도무지 생각이 안 나서 누가 봐도 틀린 답을 썼더라도 흘려보내야 한다. 그럭저럭 제대로 써 내려갈 다른 문제가 많이 남아 있기 때문이다. 어차피 아주 특출한 사람이 아니고서야 시험에서 만점은 남의 일이다. 그저 합격만 하면 된다. 만점자만 합격하는 것이 아니라 일정 수준만 넘은 사람도 합격한다. 기발한 문제 하나를 맞히는 것보다 기억도 안 나는 평범한 문제 여러 개 맞히는 게 합격에 훨씬 도움이 되고, 주관식이라면 전체를 다 맞히지 못해도 일부는 맞힐 수 있으니 할 수 있는 데까지는 있는 힘껏 다 적어보아야 한다.

며칠 후 좋은 소식이 들렸고, 그렇게 나는 번역원 연수원에 합격했다. 스물여덟 새해, 나는 전혀 다른 세상에 첫발을 내디뎠다.

개학과 함께
고민은 시작되고

부푼 가슴을 안고 개학 첫날 첫 수업을 맞이했다. 번역원 연수원은 3년 과정이었다. 일주일에 4일, 월, 화, 목, 금요일 수업이 있었고, 각 수업은 저녁 6시 30분부터 9시 30분까지 세 시간씩이었다. 너무 오래전이라 1학년 과목이 무엇인지 정확히 기억나지 않지만 《논어》《맹자》《통감절요通鑑節要》《대학大學·중용中庸》이었던 것 같다. 매 수업 시간에 다른 과목을 배웠기 때문에 따라가기조차 힘에 부쳤다. 내 다음 기수부터는 기본 중의 기본이 되는

《논어》와 《맹자》 수업 시간이 너무 촉박하다고 해서 일주일에 두 시간으로 늘렸던 것 같다.

번역원 연수원 수업은 생각보다 엄청 빡세게 진행된다. 학년마다 배운 게 세세히 기억은 안 나지만 3년간 위의 책에 더해 《고문진보》 《소학小學》 《시경詩經》 《서경書經》 《주역周易》 《경국대전經國大典》 《장자莊子》 《해동문헌총록海東文獻總錄》 《춘추좌전春秋左傳》, 그리고 '국역실습' 등을 배웠다.

번역원 연수원은 한문을 대중에게 보급하기 위한 기관이라기보다는 한문번역가를 길러내기 위한 기관이라서 번역을 위해 알고 있어야 하는 한문 기본서를 일단 다 가르친다. 그래서 다루는 책도 많고 수업 강도도 꽤 센 편이다. 배우는 학생들도 일반인보다는 한문 분야 전공생들이 많은 편이다. 한문학과는 말할 것도 없고 국문학과, 한문교육과, 중문과, 역사학과 등 한문이 필요한 분야의 석사 과정 이상이 많이 입학한다.

이렇게 전공생들이 많으면 일어나는 문제가 이들 대부분이 한문 초보가 아니라는 데 있다. 나는 처음부터 차근히 배울 생각으로 들어갔는데 이미 기초가 닦여 있는 사람들이 많으니 진도 나가는 속도가 정말로 장난이 아니었다. 한문 원문 읽고 해석하고 죽죽 나갔다. 매일 세 시간씩 과목을 바꿔서 그렇게 진도를 나가니 처음 본수업을 듣고 난 나의 심정은 '내가 과연 따라갈 수 있을까?'였다.

가장 충격적인 시간은《통감절요》수업이었다. 나는 그때까지《통감절요》가 무슨 책인지도 모르던 사람이었다.《통감절요》는 중국 송宋나라 때 사마광司馬光이 지은《자치통감資治通鑑》이란 책을 강지江贄란 인물이 추려서 일종의 요약본으로 만든 것으로, 본격적인 전국시대戰國時代가 시작되는 때인 주周나라 위열왕威烈王 23년(기원전 403)부터 당唐나라 멸망 이후 송나라가 통일하기 전까지 혼란의 시기였던 오대십국五代十國 시대 후주後周 세종世宗의 치세까지를 다루고 있다. 내가 정말 잘 모르는 시기를 다루는 중국의 역사책인 것이다.

가뜩이나 한글로 읽어도 내용을 알까 말까 한데 한문으로 된 걸 읽자니 흰 것은 종이요 검은 것은 글자인 수준이었다. 충격으로 할 말을 잃은 내 상태에 아랑곳하지 않고 선생님은 정신없이 진도를 빼셨다. 나와는 달리 전공생들은 이미 익히 알고 있는 책이었으므로 그런 속도에도 다들 그러려니 하는 잔잔한 반응이었다. 불행하게도 이 책은 그다지 유명하지 않아서 번역본도 없었다. 스스로 글자를 다 찾고 눈에 불을 켜고 선생님 말씀을 한 자도 놓치지 않고 필기해서 해석을 익혀야만 했다. 책을 펴면 가슴이 답답해왔다.

그러다 중간고사 기간이 찾아왔다. 번역원 시험은 항상 똑같은 형식으로 출제된다. 입학시험과 같이 한문의 한 대목이 연이어 죽 제시되면 구두점을 찍고 번역해야 한다. 입학하고 처음 치는 시험이라 엄청나게 긴장이 됐다. 그중에서도 《통감절요》가 제일 걱정이었다.

어쩌나……. 떨리는 마음으로 시험지를 받아들었다. 일단 덤벼보자는 심정으로 구두점을 찍어나가기 시작했다. 그런데 이게 웬일? 생각보다 구두점이 잘 찍히는 것이었다. 구절이 딱딱 잘 떨어지면서 거침없이 점이 찍혀나갔다. 나 천재 아냐? 진짜 왜 이렇게 해석이 잘되지? 스스로 기뻐하며 마구 구두점을 찍으며 내달리고 있는데, 아뿔싸! 그렇게 의심의 여지 없이 잘 찍혀가고 있던 구두점 끝에 글자가 두 개 남고 말았다. 남으면 안 되는데……. 여기서 끝나야 하는데……. 왜 남지? 글자 두 개를 묶어 돼지꼬리 표시를 하거나 시험지에서 파내버리고 싶은 심정이었다. 마음이 그렇다고 실제로 글자를 파낼 순 없는 노릇이고 여튼 뭐라도 써야 하니 결국 '역사 소설'을 번역이라고 써서 내고 끝냈다.

시험이 끝나자 바로 소풍을 갔다. (번역원은 이런 것도 간다. 심지어 봄가을로 간다!) 좀 쉬라는 선생님들의 배려라지만 시험 성적을 안고 가는 소풍이 즐거울 리가! 연수원은 학생 수가 생각보다 많다. 나도 한문을 시작하면서 처음 알게 된 사실이지만 우리나라에서 한문을 배우려는 사람의 수는 적지 않다. 청강생까지 합하면 내가 다니던 당시 1학년만 70명가량이었다. 그러니 선생님들과 학생들 사이의 교류가 별로 없어서 조용히 수업만 듣고 가면 그만이었다.

그런데 나는 진짜 운이 없는 학생이었다. 연수원은 전주에 분원을 두고 있는데, 나는 전주 출신이고, 전주는 좁은 곳이라서 생각지도 못한 일이 벌어졌다. 내가 고전번역원에서 한문을 배우기 시작한 것을 부모님께서 지인분들에게 알리신 순간, 아버지 쪽 인맥도 어머니 쪽 인맥도 전주분원장님과 놀라울 정도로 지독히 가깝다는 사실이 드러났던 것이다. 전주분원장님은 당연히 서울 본원으로 전화해서 이곳 선생님들께 나를 알리셨고……. 그래서 결국 선생님들께 내 얼굴보다 이름이 먼저 알려지는 사태가 발생하고야 말았다! 그렇게 나는 소풍 때 선생님들께 찾아가 기어이 인사를 드려야만 하는 운명이었다. 용기를 내서 선생님을 찾아갔다.

"안녕하세요? 1학년 임자헌입니다."

선생님의 첫마디는 허를 찔렀다.

“아, 자네가 임자헌인가? 자네, 공부를 좀 더 해야겠던데?”

안쪽으로 꽉 차게 들어오는 선생님의 직구에 나는 순간 당황해서, “아하하하하! 그렇죠? 아, 네, 그럼요! 제가 성적이 좀 그렇죠? 아하하하하! 열심히 하겠습니다” 하고는 뛰듯이 그 자리에서 도망쳤다.

아마 나는 마지막으로 문을 닫으며 입학한 모양이었다. 한마디로 커트라인을 담당한 사람이랄까? 그러니 선생님께서 이름을 곧바로 기억해내시는 거겠지. 그런데 중간고사에서 또 두 글자를 처리하지 못하는 멋진 모습(?)을 보였으니 선생님께서 건네신 반가움의 첫마디가 ‘공부해라’였겠지.

열의에 차서 입학한 나는 이내 슬럼프에 빠졌다. 선생님이 나무라서가 아니라 내가 해낼 수 없는 공부라는 생각이 들었기 때문이다. 처음 방학 특강에서 《논어》를 배울 때는 누가 뭐라고 하는 이가 없어서, 그저 제2외국어 시험 볼 정도만 익히자는 마음이었기에, 그런 와중에 내용이 생각보다 재미있어서 여유작작한 태도로 재밌게 공부했다.

그런데 정작 본격적으로 입학하고 보니 사정이 달라졌다. 이제는 더 이상 취미가 아니고 매번 중간고사와 기말고사를 보며 성취를 보여야만 하는 입장에 놓인 것이다. 게다가 배워야 할 책과 따라잡아야 할 진도는 내 실력에 비해 너무 거대했다. 갑자기 혼란이 찾아왔고, 호기롭게 선택한 이 새로운 길이 완전히 잘못된 선택일지도 모른다는 위기감이 들었다. 내가 계속 해나갈 수 있을까, 발을 뺄 수 있을 때 발을 빼야 할까 심각하게 고민했다. 그러면서 '열심'으로부터 손을 놓았다.

중간고사 이후 나는 슬렁슬렁 수업에 다녔다. 내 자리는 늘 거의 맨 뒷자리, 그것도 기둥이 튀어나온 곳 뒷자리라서 절대 선생님 눈에 띄지 않는 곳이었다. 그에 더해 수업 시작 후 10분쯤 늦게 들어가고 쉬는 시간에도 조금씩 늦게 들어가 자체적으로 수업 시간을 줄였다. 그래도 출석은 꼬박꼬박 했다. 그만두기 전까지 최소한의 성실함은 발휘해야 조금은 남는 것 있게 떠날 수 있다고 생각했기 때문이다.

한문을 선택한 이래 가장 많이 고민한 시기가 이때가 아닌가 싶다. 당시 미술사학에서는 완전히 마음이 떠났으나 대학원은 진학해야 한다고 생각했다. 습관적으로 생각하기에 여기는 교육부에서 학위를 인정해주는 기관이 아니니 뭐라도 뚜렷한 소속이 있어야 할 것 같았고, 주변에서 강의 듣는 사람들 중 내 또래는 대부분 대학원에 다니고 있었으니 당연히 생각이 대학원 쪽에 있었다.

그러면 무슨 과를 선택하지? 원래 전공인 심리학? 심리학을 계속 할 거면 한문을 왜 해? 한문학? 한문을 배우면서 한문을 또 해? 그건 좀 지겨울 것 같은데……. 중문학? 이제 와서 또 새 외국어? 진짜 아닌 것 같은데…….

국문학이 제일 무난할 것 같았다. 그러나 국문학 쪽으로 선택해보려니 또 국문학과 청강을 다녀야 했다. 대학원 시험 보려면 영어 시험을 봐야 하니 영어학원도 다녀야 하고, 생활비를 벌어야 하니 아르바이트도 해야 하고, 한문은 처음 시작한 거라 낯설어서 적응하기도 벅찬데, 여기에 대학 청강을 얹을 생각을 하니 가슴이 답답해져왔다. 내가 해낼 수 있을까? 고민의 연속이었다. '난 꼭 이걸 할 거야!'라는 결심이 없는 상태이다 보니 고민만 늘고 답은 보이지 않았다.

스물여덟에 손에 쥔 것 하나 없이 갈팡질팡하고 있는 자식을 보는 건 부모님으로서도 속 터질 일이었다. 뭘 물어도 뚜렷한 답이 없으니 결혼 이야기가 나오기 시작했다. 선이라도 보라셨다. 시원한 소식 전해드릴 일도 없는데 이거라도 해야지 하며 조신하게(?) 나가봤지만 결과는 늘 신통치 않았다.

이도 저도 아닌 상황에 시간만 속절없이 흘렀다. 중간고사와 별반 다를 것 없는 기말고사, 그리고 여름방학, 방학 중에도 끝나지 않는 고민, 다시 1학기와 비슷한 중간고사, 아무 결론도 내리지 못한 채 다가온 2학기 기말고사……. 그렇게 이곳에서의 한 해가 훌쩍 지나버렸다.

홀로 책임지는 공부

2장 중급반

편안하면서도
불안하고
불안하면서도 편안한

겨우내 이어진 고민은 점점 한문 공부를 그만두는 쪽으로 가닥이 잡혔다. 남들은 달려가고 있는데 아무리 노력해도 걸음마부터 시작한 내가 따라갈 수 있는 분야가 아닌 것 같았다. 매일이 전쟁이었다. 일단 한자부터가 문제였다. 옥편 찾는 알바생을 고용해야 하나 싶을 정도로 매일 모르는 글자가 한 바가지씩 쏟아졌다. 한문책은 세로쓰기로 되어 있다. 세로쓰기를 들여다보며 글자와 씨름하다 보니 잠자려고 누우면 한문으로 된 장대비가 우르르 쏟아지는 것 같았다. 영화 〈매트릭스〉에서 보면 초록색 글씨가 세로로 주르륵 떨어지는 장면이 있는데 꼭 그런 느낌이었다. 이 글자비는 언제쯤 그치려나. 그치는 날이 오기는 하려나. 잠자리에 쏟아지는 글자 장대비를 맞으며 숱한 밤을 심란해했다. 가끔은 그러다가 나도 모르게 잠이 들면 꿈속에서도 글자비가 내렸다.

배경지식이 없는 것도 문제인데, 정해진 문법이 없는 문법을 익히는 것도 어렵기만 했다. 매일 책에 쓰여진 글자 위에 번역하는 순서를 매겨놓고 외우는 것이 일이었다. 몇몇 문형이 익숙해질 때까지 번역과 한문을 대조하며 한문이 번역되는 순서를 익혔다. 물론 한자 낱글자 외에 단어도 통으로 외워야 했다. 글자만 안다고 해석되는 것도 아니고 글자 뜻이 한 개만 있는 것도 아니기에 글자를 조합해놓은 단어는 정확한 뜻을 한마디로 규정짓기 어려울 때가 생각보다 많다. 그러면 그냥 일단 뭉텅이로 외우는 방법밖에 없다. 뭔가 아는 게 있어야 규칙성도 찾고 하는 것이다. 아는 게 적으면 세울 수 있는 가설이 없고 가설을 세워봐야 데이터가 적어서 틀릴 확률이 높고 응용도 안 되니 일단 무조건 뭐든 냅다 외우는 것이 내가 해야 할 일의 전부였다. 너무 많은 것을 한꺼번에 외워서 억지로 집어넣은 모든 것이 자고 나면 도로 다

튕겨 나오는 느낌이었다.

아무리 생각해도 너무 무모한 일이었다. 나중에 제2외국어나 취미로 주 공부에 곁들여 배워두는 게 더 현명한 결정일 것 같았다. 그만둘 결심이 서자 마음이 조금 편해졌다. 그렇게 방학이 끝나가던 어느 날 문제의 《통감절요》 책을 펼쳤다. 그냥 눈앞에 있기에 펼쳐보았을 뿐이었다. 여전히 흰 것은 종이요 검은 것은 글자겠지 자조하며 펼쳤는데, 이게 웬일인가? 해석이 되는 게 아닌가? 몇 줄이 그냥 읽어졌다. 물론 해석은 이내 곧 벽에 부딪혔지만 몇 줄을 읽어 내린 내가 스스로 너무 놀라웠다. 아, 시간이 공으로 흐르지 않았구나! 뭐가 되긴 되는구나! 나 자신이 진짜 너무 기특했다.

1학년 1학기 중간고사 이후로는 내내 슬럼프여서 그저 수업에만 나갔는데, 최소한의 할 일만 하며 꾸역꾸역 다니기만 했는데, 콩나물에 물 주듯 그냥 희망 없이 물만 뿌릴 뿐이었는데, 콩나물 자라듯 나도 자랐구나! 고작 몇 줄을 읽었을 뿐이지만 이것이 내 마음의 방향을 완전히 바꿨다. "그래, 해보자! 한번 가보자!" 그리고 2학년에 등록했다.

2학년 첫 수업은 《해동문헌총록》 수업이었다. 《해동문헌총록》은 우리나라 조선 후기 학자 김휴金烋가 나라 안에 산재해 있던 도서를 수집해서 그 목록과 해제를 기술한 목록집 성격의 책이다. 이 수업을 맡은 선생님께서 첫날 첫 시간에 말씀하셨다.

"사람은 한 번에 한 가지만 하는 게 가장 좋습니다. 자기 에너지를 자기가 쓰는 것이기 때문에 일이 많아지면 에너지가 분산돼요. 에너지가 분산되면 좋은 결과를 얻을 수 없죠. 하나만 선택해서 집중하세요. 생계 때문에 부득이 돈을 벌어야 한다. 그러면 어쩔 수 없이 두 가지만 선택하세요. 세 가지는 안 됩니다. 절대로 한 사람이 세 가지를 한 번에 제대로 해낼 수 없어요. 절대로 못 해요. 셋 다 이도 저도 아니게 되죠."

이 말을 듣는데 머리를 망치로 한 대 '퍽' 맞은 느낌이었다. 아, 그렇구나! 사람은 선택을 해야만 하는구나! 이것저것 벌여놓는 이유는 사실 한곳에 전부 투자하다가 잘못될까 하는 염려 때문이기도 하고, 원하는 목표를 빨리 달성하고 싶은 욕심 때문이기도 하다. 그러나 사람은 한정된 에너지 안에 갇혀 있는 존재다. 내가 원한다고 그 에너지를 무한히 확장할 수 없고, 오히려 억지로 끌어 쓰다 보면 예기치 않게 고갈되어 그보다 더 큰 대가를 치르며 비어버린 에너지를 채워야 하는 상황에 놓일 수 있다.

하늘이 내가 한문 배우는 것을 기뻐하는 모양이었다. 2학년에 등록할 마음을 내게 하더니, 첫날 첫 수업에 이런 말을 딱 들려주어 마음까지 잡게 하지 않는가!

곰곰이 생각했다. 한문은 배우기로 결심했다. 성인이 되었으면 자기 공부 하겠다고 집에 손 내밀어서는 안 된다. 내가 선택한 공부니 내가 책임져야 한다. 고로 돈벌이는 계속해야 한다. 그렇다면 대학원은? 당시 내게 대학원은 전혀 구체적인 사안이 아니었다. 꼭 어떤 분야의 공부가 하고 싶어서 대학원 진학을 하려던 게 아니라 공부를 선택한 이상 학자가 되려면 그게 어떤 과목이든 대학원에 이름을 걸어두는 것이 좋으니까 진학을 생각했을 뿐이었다. 번역원은 대학원 과정으로 인가받은 기관이 아니기에 이곳을 진학해도 학위가 나오지 않는다. 그러니 이제 시작해서 여기에 뭐가 있을지, 뭘 하게 될지 전혀 알 수 없는 곳에만 이름을 걸어두는 것은 내 나이를 고려해봤을 때 위험하고 불안한 모험이었다.

대학원은 현실을 위한 선택이었다. 그러니 세 개를 한꺼번에 할 수 없다면 대학원을 내려놓는 게 맞았다. 스물아홉 살, 이제 서른을 코앞에 두고 나는 비로소 한문 하나를 오롯이 마주하게 되었다. 그렇게 결정하고 나자 홀가분해졌다. 주렁주렁 달려 있던 짐이 훌훌 다 털어져 한없이 가벼워지는 느낌이었다. 더욱 홀가분했던 건 이때 처음으로 아무것도 꿈꿀 수 없는 상태에 놓여보았기 때문이다. 꿈꾸지 않는 게 아니라 꿈꿀 수 없는 상태, 이런 경험은 처음이었다. 이제 시작한 낯선 공부에 무슨 큰 꿈을 두겠는가? 이 분야에서 나는 무얼 할 거야, 어떤 위치가 될 거야 하는 것까지 생각하기에는 나는 너무 아는 게 없는 잔챙이였다.

일주일 중 나흘을 저녁마다 이곳에 묶여 있어야 하고, 또 따로 예습이든 복습이든 공부를 하기도 해야 하니 최소 3년은 일정한 직업을 갖는 것이 불가능했다. 학원에서 파트타임 강사로 일하거나 학생들 과외를 하며 생활비와 공부에 필요한 돈을 벌었다. 당시에 남자친구가 없었으므로 결혼을 심각하게 고려해야 할 일도 없었고, 선을 보기는 했으나 기왕 공부를 새로 시작했는데 결혼 계획을 세우기도 뭣해서 애프터 신청 따위는 받지 않았다. (못 받은 건가? 흠…….) 정말이지 당시 나의 상황은 달리 무언가를 바라고 기대할 게 없었다. 무언가를 소망하며 간절할 일이 없었다. 참 낯선 감정이었다. 아마도 내 인생 처음으로 세상의 시간표에서 어긋난 걸음을 걷게 되어 그랬던 게 아닌가 싶다.

어려서부터 우리는 대개 나이대에 맞춰 인생의 시간표를 살아간다. 남들 다 초·중·고등학교 다닐 때 나도 다니고, 남들 다 입시 준비할 때 나도 하고, 남들 대학 진학할 때 나도 하고, 남들 취업할 때 나도 하며, 남들 결혼할 때 나도 열심히 상대를 물색한다. 크게 특별한 일이 없으면 대개 그렇게 비슷하게 살아가게 된다. 나 역시 그렇게 살아왔다. 그런데 어쩌다 보니 갑자기 일률적인 나이대를 넘겨서 낯선 공부를 시작하게 된 것이다.

공부 그 자체를 선택하면 어쩔 수 없이 쏟아야 하는 시간이 있다. 기초를 쌓는 시간이 바로 그것이다. 이 기간에는 오직 시간을 채우는 것 외에 달리 바랄 일이 없다. 그 공부를 바탕으로 어떤 꿈을 갖는 건 최소한 중급반까지는 끝나고서나 생각해볼 수 있는 일이다. 스물아홉이라는 나이에 기초부터 시작하는 공부를 선택한 나는 지금껏 경험해보지 못한, 아무것도 기대할 수 없고 아무것도 기대할 것 없는, 편안하면서도 불안하고 불안하면서도 편안한 멍~한 상태를 경험하게 되었다.

천천히
그리고 꾸준히

한문'만' 하는 시간이 본격적으로 시작되었다. 남과 다른 시간을 사는 것은 한편으로 편안한 일이었다. 아무도 내 성적에 신경 쓰지 않았고, 내가 공부를 하든 말든, 수업에 성실하든 말든, 아무도 관심 갖지 않았다. 모두 내가 스스로 알아서 할 일이었다. 나는 열심의 강도를 스스로 결정해야 했다.

내가 선택한 공부 방법은 '서당 개 3년 공부법'이었다. 내 생각에 공부는 '풍월'이 중요하다. 들은풍월이 있어야 공부가 수월

하다. 특히나 새로운 분야는 더욱 그렇다. 낯선 공부는 아무리 재미있어도 그 분야 전반의 대체적인 분위기를 알지 못하는 데서 오는 어려움이 있다. 그래서 새로운 분야를 시작할 때 너무 꼼꼼하게 다 알면서 시작하려고 하면 오히려 빨리 지칠 확률이 높다. 꼼꼼하게 알려는 노력 자체는 좋다. 하지만 작고 단순한 질문이라도 정확한 답을 알려면 그 분야 전반에 관한 이야기를 이해해야 할 경우가 많다. 그러면 단순한 질문이었던 것 같은데 답은 장황해지고, 질문한 사람이 답을 소화해내기 어려워진다. 이런 과정이 반복되면 쉽게 지친다.

그러니 오히려 몸이 서서히 젖어들도록 시간을 두고 여유 있게 접근하는 것이 좋다. 책을 읽을 때도 낯선 분야의 책이거나 어려운 책이라면 한 번 꼼꼼히 읽는 것보다 알면 아는 대로 모르면 모르는 대로 슥슥 넘기며 여러 번 읽는 것이 이해하는 데 더 도움이 된다.

나는 들은풍월이 생길 때까지 천천히 꾸준히 가자고 결심했다. 그러자면 선생님들의 눈을 피하는(?) 게 중요할 것 같았다. 학생이 선생님과 가까워지면 선생님은 그 학생에게 기대를 품게 되고, 선생님이 자기에게 뭔가 기대한다는 걸 알게 되면 학생은 그에 부응하고 싶어진다. 그런 마음 자체가 나쁜 건 아니지만 그때부터는 공부를 향한 나의 마음과는 별개로 선생님과의 관계에서 생겨난 열심이 공부를 지배하고 만다.

중학교 1학년 때, 담임 선생님이며 과목 선생님들이 내가 똘똘한 학생이라 오해해서 1등을 강권한 일이 있었다. 아주 우둔하지는 않았으므로 '그렇게 원하신다면~'이라고 생각하며 시키는 대로 노력해서 1등이 되었다. 나는 그때 1등을 해내면 잘했다고 칭찬해주면서 이제 좀 놀고 쉬라고 하실 줄 알았다. 그러나 웬걸? 여유 있게 좀 놀고 있었더니 1등을 놓칠 거냐며 나를 오히려 더 다그치셨다. 혼란스러웠다. 이게 뭐지? 왜 계속 1등을 하라는 거지? 나는 언제 놀지? 깊은 고민에 빠졌다. 아무리 생각해도 끽해야 대학밖에 더 가나 싶었다. 6년 동안 내내 1등 하려면 도무지 내 시간을 가질 여유가 없었다. 공부는, 모르는 것을 새롭게 아는 일은 확실히 재미가 있었다. 그러나 그렇게 계속 채근받다가는 흥미를 잃을 것 같았다.

때로 기대를 적게 받는 것이 유익할 때가 있다. 한결같이 열심히 하는 사람도 있지만 그렇지 못한 사람도 있다. 이해의 속도나 받아들이는 속도가 조금 느린 사람은 기대를 받지 않는 편이 공부를 오래 지속하기에 좋다. 나는 그리 영특한 사람이 아닌 데다가 1학년 성적은 뒤에서부터 세는 게 훨씬 빠른 처지였다. 선생님의 기대를 받다가는 내가 지레 지쳐 주저앉을 것 같았다. 천천히 가되 꾸준히만 하자고 스스로 다짐했다. 그래서 늘 뒷자리나 선생님 눈에 잘 띄지 않는 자리를 고수했다. 그렇게 나 홀로 책임지는 공부는 생각보다 재미있었다. 내가 아주 좋아하는《중용》구절이 있다.

"차라리 배우지 않을지언정 배우기 시작했거든 제대로 배울 때까지 그만두지 말고, 차라리 물어보지 않을지언정 질문을 시작했거든 제대로 알게 될 때까지 그만두지 말며, 차라리 생각하지 않을지언정 생각하기 시작했거든 답을 얻어낼 때까지 그만두지 말고, 차라리 분변하지 않을지언정 분변하기 시작했거든 분명하게 분변해낼 때까지 그만두지 말며, 차라리 행하지 않을지언정 행하기 시작했거든 마음을 다해 진실하게 행할 때까지 그만두지 말아야 한다. 남이 한 번에 해내거든 나는 백 번을 하고, 남이 열 번에 해내거든 나는 천 번을 해야 한다."

얼핏 보면 숨 막히는 내용처럼 느껴질 수도 있다. 그러나 찬찬히 들여다보면 참 멋진 말이다. 이 구절은 자신의 선택에 스스로 책임지라고 말하고 있다. 그 누구의 영향이나 외부의 압박 때문이 아니라, 그저 네가 선택했거든 끝을 보라고. 남이 한 번에 해내거든 나는 백 번을 하고, 남이 열 번에 해내거든 나는 천 번을 하는 자세. 스스로를 책임진다는 건 이런 자세가 아닐까 한다.

다만 여기서 시간에 대해서는 말하고 있지 않다. 남이 열 번 만에 해내는 시간에 내가 백 번을 해내라는 게 아니다. 그냥 해내기만 하면 된다. 둔재도 백 번 천 번 하다 보면 해낼 수 있다. 남이 열 번이나 백 번 만에 해내는 모습을 보면서 기죽지 않고, 그저 내가 배우기 시작했으니까, 내가 질문을 시작했으니까, 내가 생각을 시작했으니까, 내가 판단을 시작했으니까, 내가 행동을 시작했으니까, 남이야 얼마 만에 해내든 나 스스로 제대로 된 끝이라 인정할 수 있을 때까지 가겠다고 결심하면 그뿐이다. 여기에 시간은 중요하지 않다. 행간에서 시간의 여유를 읽을 수 있다면 이 구절은 진짜 멋진 구절이 된다.

우리는 종종 단거리 경주로 무언가를 이루려 할 때가 많다. 그러나 삶도 공부도 실은 장거리 경주 아니던가. 단거리로 해결하려다가는 자꾸 탈진만 경험하게 될 뿐이다. 꼴등은 부끄럽지 않지만 스스로 극복해내지 못하고 지레 그만두는 건 부끄러운 일이다. 잘 안 보이는 뒷자리에 앉아 성실한 출석을 목표로 내 자리를 지키면서 나는 한문과 추억을 쌓아갔다. 이렇게도 생각해보고 저렇게도 생각해보고, 자전字典과 씨름하고 문장 순서를 익히며 내 나름의 속도로 한문과 가까워지며 성장해갔다.

수업은 주로 발표 형식으로 이루어졌는데, 발표를 하겠다고 나서는 일은 나에게 절대 있을 수 없었다. 어쩔 수 없이 주어지는 발표만으로도 벅찼다. 그래서 자발적인 발표에는 절대 나서지 않았다. 언젠가는 나도 먼저 발표하겠다고 나서는 날이 오겠지, 그만큼 한문에 익숙해지는 날이 오겠지 생각하며 나만의 속도로 천천히, 그러나 꾸준하게 한문과 가까워지며 젖어들었다.

이때 중국 역사소설도 많이 읽었다. 중·고등학교 세계사 시간에 중국 역사를 조금 배우긴 배웠지만 사실 크게 흥미를 못 느껴서 시험을 위해 억지로 외우고 시험 끝나면 다 잊어버리기를 반복했다. 그래서 시간이 좀 지나면 머리에 남은 게 거의 없었다. 그런데 한문을 시작하고 보니 무엇보다 역사적 배경을 아는 것이 필요했다.

어떤 책이든 일정한 시대를 살았던 사람이 그 시대를 살며 보고 듣고 느낀 것을 바탕으로 쓰기 때문에 저자가 살았던 시대를 알지 못한다면 내용을 제대로 이해할 수 없다. 한문을 시작하고 보니 '제대로 이해'하는 건 고사하고 '아예' 이해가 불가능하다는 걸 알았다. 동양고전에서 첫째로 손꼽히는 《논어》만 해도 물론 시대를 초월해서 깨달음을 얻을 수 있는 구절도 많이 있지만 공자가 살았던 시대를 먼저 조금이라도 알지 않으면 지금의 상식과 사고방식에 따라 멋대로 해석해버리는 잘못을 저지를 위험이 크다. 그때의 역사적 배경이며 제도에 대해 최소한은 알아야 뭐가 뭔지 이해하면서 접근할 수 있다.

비로소 중국 역사 공부를 다시 시작했다. 내게 당장 필요한 건 그중에서도 특히 선진先秦시대와 한漢나라 정도였다. 개론서를 몇 권 읽으며 일단 대체로나마 틀을 잡아가기 시작했는데, 쉽지 않았다. 사람도 많고 나라도 많고 사건도 많아서 딱딱하게 공부하려니 잘 외워지지도 않고 흥미도 잘 생기지 않았다.

어떻게 좀 쉽게 접근해볼 방법이 없을까 고민하던 중 전에 이택재의 선생님 서가에 꽂혀 있던 《열국지列國志》라는 소설이 문득 생각났다. 열 권이 넘어가는 분량이라 다 읽을 수 있으려나 싶었지만 일단 손을 뻗어보니 생각보다 아주 재미있었다. 춘추전국시대 온갖 나라의 복잡한 이야기를 다루고 있었지만 각종 지혜와 술수가 펼쳐지며 각 나라가 역동적으로 움직이는 재미가 있어서 쭉쭉 읽어나갈 수 있었다. 춘추전국시대는 또한 제자백가의 시대이므로 《공자》와 《맹자》의 내용을 이해하는 데 많이 도움을 받을 수 있었다.

이때부터 《삼국지三國志》《수호지水滸志》《초한지楚漢志》 같은 무슨무슨 지志들을 읽으며 중국 역사의 감을 잡기 위한 여정이 펼쳐졌다. 책을 읽으면서도 이때는 미처 몰랐다. 역사 공부가 이후로 아주 놀랍도록 장황하게 내 앞에 펼쳐지리란 사실 말이다.

이건
노래가 아닙니다

번역원 연수원의 교수님들은 대개 서당에서 글을 배우신 분들이었다. 요즘 식으로 학교라는 공교육 기관에서 학년을 나눠 가르치고 배우는 환경보다는 선생님 한 명이 소수의 몇 명을 몇 년이고 계속 가르치며 스승과 제자가 학통으로 끈끈하게 이어지는 도제식 교육이 익숙한 분들이시다. 그래서인지 계속 서당식 교육을 그리워하셨다.

연수원에는 연수부 교육 위 단계로 일반 대학의 대학원 박사 과정과 같은 상임연구원 과정이 있는데, 선생님들께서는 이 상임연구원 과정 선배들에게 서당식 학습에 대한 말씀을 지속적으로 하셨던 것 같다. 갑자기 이해 여름에 상임연구원 선배들이 서원에 가서 일주일간 머무르며 글만 읽는 시간을 갖고 싶다는 의사를 밝혔고, 선생님들은 기뻐하시며 기꺼이 시간을 내겠다고 하셨다. 거기까지는 좋았는데 연수부에까지 모종의 압력이 오기 시작했다.

그리 안 좋은 성적이었음에도 모든 수업에 성실히 참여하고 있는 나에게까지 압력이 들어왔다. 번역원 특성 때문에 그랬다. 번역원 수업은 주로 다른 전공으로 다른 학교 대학원에 다니면서 수업을 듣는 학생들이 많아서 일주일에 네 번, 한 번에 세 시간씩 되는 수업을 모두 다 받는 사람이 거의 없었다. 대개는 자기 전공 일정 상황을 봐서 시간 되는 대로 일주일에 한 과목 혹은 두 과목씩 들으면서 몇 년씩 다녔다. 그래서 명색은 3년 과정이지만 3년 만에 졸업하는 학생은 손에 꼽을 정도였다.

사정이 이렇다 보니 꼬박꼬박 모든 수업을 다 듣기만 해도 눈에 띄었다. 하여 내게도 여러모로 은근한 압박이 있었고, 어쨌든 그런 경험을 해보는 것도 좋을 것 같아 서원학습에 합류했다. 언제 서원에서 먹고 자고 해볼 수 있겠는가?

장소는 대전에 있는 도산서원道山書院이었다. 안동에 있는 그 유명한 도산서원陶山書院과 헛갈려서는 안 된다. 서원 내부의 방에서 먹고 자면서 조그만 상 하나씩 배정받아 거기서 줄창 글을 읽었다. 아침에 일어나서 선생님들께 문안드리고, 전날 배운 글을 암송한다. 그리고 또 글 배우고 종일 글 읽고, 또 다음 날 암송하고 글 배우고 글 읽고, 그게 일과였다. 상임연구원 선배들은 다들 공부에 열심이었고, 그래서 선생님들이 굳이 종용하지 않아도 알아서 매일 공부만 했다.

다만 이때는 시험적으로 운영해본 것이라서 분위기가 훨씬 자유로운 까닭에 중간에 라면 먹고 낮잠에 빠지기도 했고, 밤에 몰래 술 마시고 아침에 해롱대기도 했으며, 몰래 나가 동네 산책을 다니기도 했다. 마지막 날에는 다 함께 주변 답사도 다녀왔다. 공부도 많이 했지만 서원에서 보낸 여름휴가 같은 즐거운 시간이었다.

특히 재미있는 경험은 '성독聲讀'이었다. 글자 그대로 하면 소리 내서 글을 읽는 것이지만, 그냥 소리만 내서 읽는 것이 아니라 가락을 붙여 읽는 것을 말한다. 하늘~ 천~ 따~ 지~, 뭐 이렇게 천자문 읽는 게 이를테면 성독이다. 선생님들은 다 남자고, 남자와 여자는 소리 자체의 음높이가 달라서 가뜩이나 낯선 성독에 음높이가 잘 잡히지 않아 어떻게 따라 읽어야 할지 감이 안 왔다. 손을 번쩍 들고 질문했다.

"악보는 없나요? 없으면 첫 음이라도 어떻게 좀 잡아주실 수 없을까요?"

그때 선생님의 표정이란~. 이후 나는 놀림감이 되었다.

"얘들아, 임자헌이가 성독 악보를 달란다~"

나는 지지 않지!

"음을 모르겠으니까 그렇죠. 그럼 선배님들은 성독이 잘 돼요? 그럼 한 번만 해줘봐요~"

선생님은 그건 스스로 알아서 하는 거라 하셨고, 나는 안 하면 안 되느냐고, 안 하고 그냥 열심히 글 읽겠다고 사정했으나 결과는 깔끔한 거절. 성독을 찾아 떠나는 여행이 시작되었다. 그냥 하는 건 좀 싱겁고 성독도 클라이맥스가 좀 있어줘야 하지 않나 싶어 나름 가락을 만들어보았다. 이튿날 선생님은 다시 나를 지목하셨고, 나는 내가 만든 성독을 선보였다.

음……. 듣도 보도 못한 그 어떤 노래였던가? 선생님은 이런 성독은 듣다 처음이라 하셨다. 여기저기서 낄낄낄 웃음이 터졌다. 나는 또 나만의 성독을 찾는 길을 나서야 했다. 클라이맥스를 없애고 '이건 노래가 아니라 글 읽기다'를 머릿속에 주입하며 차

오르는 흥을 가라앉히고 어찌어찌 해내게 됐는데, 그러자 선생님이 말씀하셨다.

"이제 잘하는데, 어째 자네 성독은 판소리 같아~"

역시 출신 지역은 못 속이는 것인가? 내 혈관 속 어디쯤엔 판소리 DNA가 조용히 흐르고 있었던 것인가? 언젠가 판소리도 제대로 배워야겠다는 결심으로 성독을 찾아 떠난 여행은 막을 내렸다.

성독은 오래오래 글을 읽는 데 도움이 된다. 모든 외국어는 소리 내어 많이 읽으면 문장을 내 것으로 흡수하기 쉽다. 언어이기 때문이다. 말이 먼저 있고 그 후에 그것을 정착시키기 위해 글이 만들어졌다. 말을 할 수 있도록 그 언어가 입에 올라야, 즉 입에 익숙해져야 한 수준 위로 올라갈 수 있다. 한문이 현재는 쓰지 않는 언어이지만 외국어인 것은 맞다. 그러니 한문을 잘 익히기를 원한다면 많이 소리 내서 읽어야 한다. 눈으로만 보아 익히는 것은 소리 내서 들으며 익히는 것보다 속도가 훨씬 더디다.

그런데 현재 쓰이지 않는 말을 건조한 소리로 내내 읽자면 지치기 쉽다. 특히 문장 흐름을 익히려면 《논어》 1,000독, 《맹자》 3,000독을 해야 한다는 말이 있을 정도로 많이 읽고 또 읽을 것을 권하는 게 한문 학습인데, 그냥 내리 읽어서는 이만큼 읽기가 쉽지 않다. 이때 성독을 하면 읽는 재미가 있어서 확실히 좀 덜 지치는 느낌이 있다. 가락이 익으면 외우는 데도 더 도움이 되고 말이다.

물론 익숙하지 않은 학습법이라 나도 잘 하게 되지는 않는다. 한문이라는 글의 문장 이치, 즉 문리라는 것을 깨치기 위해 내내 《맹자》를 읽어야 했을 때 그냥 읽다 지치면 성독을 하곤 했는데, 매번 새로운 글을 봐야 하는 지금은 거의 성독을 하지 않는다.

그러나 한문 배우기를 원하면 한 번쯤 시도해볼 만한 학습법이다. 전통은 반드시 이어져 내려온 이유가 있다고 생각한다. 조금의 효율도 없는데 지속되었을 리 없다. 성독은 지금은 사라져가는 우리나라 장단음을 살려 제대로 익혀 외우고, 글자 수를 원하는 대로 제한하여 맞춰서 쓸 수 있는 한문을 익히는 데 도움이 된다.

이후로 서원학습은 연수부 장학생들의 정식 과정이 되었다. 정식 과정이 된 이후로는 좀 더 학습에 매진하는 분위기로 바뀌었다. 내가 상임연구원이 된 첫해에 연수부의 정식 과정이 되었기에 시행 첫해 선생님들께서 다시 참여해 후배들에게 좋은 본을 보이라고 압력을 넣으셨다. 내가 과연 좋은 본보기가 될 수 있을까 생각했지만 또 하라면 해야지 별수 있나…….

전에 갔을 때는 자유로운 분위기여서 딴짓을 많이 할 수 있었으므로 힘든 걸 잘 몰랐는데, 정식 과정이 되니 아무래도 딱딱한 분위기여서 개인적으로 좀 힘들었다. 게다가 후배들이지만 아무래도 장학생들이다 보니 다들 공부에 열정적이어서 놀기 좋아하고 수다 떨기 좋아하는 나는 선배로서 별다르게 보여줄 만한 좋은 본이 없었다. 선생님들도 알아채신 모양인지 더는 참여를 권하지 않으셨다. 귀감이 되지 못한 나는 이때를 마지막으로 서원 학습을 끝낼 수 있었다.

백 번 읽으면
뜻이 저절로 드러나니

3학년 2학기에 '국역실습'이라는 과목이 있었다. 실제로 조선 문인의 문집에 실려 있는 낯선 글을 번역해보는 수업이다. 하나의 문집에서 각각 글을 골라 번역해서 반 학생들 앞에서 번역문을 읽고 평가를 받는 형태로 수업이 진행되었다. 우리에게 주어진 문집은 영화 〈남한산성〉에서 김윤석 배우가 연기했던, 병자호란 당시 척화파로 유명한 김상헌金尙憲의 문집인 《청음집淸陰集》이었다. 이때는 이 문집이 전혀 번역되어 있지 않은 상태였으므로 어디에서도 도움을 받을 수 없었고, 온전히 스스로 번역해내야만 했다.

나에게 주어진 부분은 벗의 죽음에 대해 올린 제문祭文이었다. 처음 해보는 진짜 번역이었다. 이제껏 수업 중에 발표도 하고 시험도 치며 잘해왔지만 교과목에 있는 책은 시중에 번역본이 있고, 수업 때 선생님이 번역도 해주신다. 그래서 내가 생으로 봐야 할 일이 없었다. 그래도 한문 공부가 3년 차에 접어드는데, 나름 마음잡고 공부에 성실히 임했는데, 이제껏 배운 한문책이 무려 아홉 권인데, 뭐라도 할 수 있겠지 싶어 나름 기대했다. 그런데…… 와~ 그 제문은 정말이지 번역이 다 무어야? 진짜 하나도 모르겠고 그저 눈앞이 깜깜했다. 3년 공부가 헛것이었나 싶었다.

나를 좌절시킨 또 하나의 사건이 있었다. 나는 한문을 하는 데까지는 계속 해야겠다 마음먹고 있었으므로 상임연구원에 진학할 생각이었다. 상임연구원 시험을 치자면 서간문書簡文, 그러니까 편지글도 봐야 했는데, 번역원 수업에는 그 시간이 배정되어 있지 않았다. 나는 언제나 정규교육도 벅차다고 주장하던 사람이었으나 이번만은 예외였다. 다른 기관에서 개설한 서간문 번역 수업을 찾아 내 발로 가서 등록하는 놀라운 일을 저지르고야 말았다. 놀라움은 내가 다른 기관까지 찾아가서 수업을 듣는 행동 하나로 충분했으므로 나는 그곳에서도 사각지대 어딘가에 숨어 수업을 들으며 조용한 학생으로 지냈다.

하지만 갑자기 화장실이 급했던 어느 날 사건이 터지고야 말았다. 수업 끝나고 화장실 들렀다 집으로 향하는데 바깥에 계시던 선생님께 딱 걸린 것이다. 그 선생님은 워낙 한학으로 유명하신데, 연수원 교수로 계시다가 정년퇴임하셨고 그 당시도 이곳 강의뿐만 아니라 여전히 연수원 강의까지 맡고 계신 분이었다. 그러나 워낙 내가 선생님들을 잘 피해 다녔던 터라 나를 알지는 못하셨다.

“아, 선생님, 안녕히 계세요.”

인사를 드리고 매우 자연스러운 모습으로 유유히 그곳을 빠져나가려는데 선생님의 질문이 이어졌다. 아뿔싸!

“어, 잠깐! 자네 이름이 뭔가?”

“(헉! 걸렸구나!) 임자헌입니다.”

“자네는 어느 학교에 다니나?”

“학교는 졸업했고, 지금 연수원에 다니고 있습니다.”

“어, 그래? 몇 학년인데?”

“3학년입니다.”

“어, 그럼 한문 좀 하겠구만! 자네 다음 수업 때 번역 발표 한

번 해보게. 실력 한번 보세나! 3학년다운지 어떤지!"

"예? 예……!"

아! 눈물이 앞을 가리는 순간이었다. 서간문은 또 다른 세계였다. 서간문 수업 듣게 되어 교재를 펼쳐본 순간 내가 깨달았던 것은 단 하나. '흰 것은 종이고 검은 것은 글자구나!'였다. 국역실습 번역 문집을 받았을 때와 한 치의 오차도 없이 똑같은 심정, 똑같은 탄식이었다.

이를테면 피아노 배울 때의 현상으로 설명해볼 수 있다. 피아노를 몇 년 쳤다 해도 새로운 악보를 보자마자 바로 연주하기란 불가능하다. 안 배운 사람들은 잘 이해하지 못한다. 몇 년을 쳤는데 왜 악보를 보고 바로 연주하지 못하지? 그러나 그럴 수밖에 없다. 그런 내공은 수년 만에 쌓이는 게 아니다. 모르는 사람이야 몇 년'씩이나'라고 말하지만 그 분야를 아는 사람에게는 '고작' 몇 년일 뿐이다. 이 우물을 채우고 한 수준 뛰어넘는 데까지는 어마어마하게 지루한 시간이 든다. 압축적으로 여기에 모든 것을 쏟아부어 집중해서 연습함으로써 높게 도약할 준비를 하는 시간이 반드시 필요하다. 마치 로켓이 대기권을 뚫기 위해 엄청난 추진체가 필요한 것처럼 막대한 에너지를 쌓고 또 쌓아 추진력을 확보하는 단계를 거쳐야만 다음 단계로의 도약이 가능한 것이다.

질적인 도약에는 상상 이상의 에너지가 요구된다. 어느 분야든 전공을 하고 자기 우물을 파려면 반드시 필요한 과정인데, 이때가 가장 힘도 들고 절망적이다. 그래서 자기 한계를 깊이 체감하면서, 그럼에도 여기 더 있어볼지 지금 손절하는 게 유익할지 심각하게 고민하는 시기이기도 하다.

나는 그때까지 한문사전이라고는 없고 달랑 작은 자전 하나 있는 게 전부였다. 이때가 되어서야 비로소 이것 가지고는 번역이 절대 불가능하다는 것을 알았다. 손 놓고 있을 수는 없고 뭐라도 있는 대로 뒤져봐야 혹시 안 되더라도 무슨 변명이나마 할 수 있을 것 같았다. 고심 끝에 대학 도서관을 찾았다. 이때 처음으로 만나본 사전의 세계는 방대했다! 중국에서 나온 사전, 일본에서 나온 사전, 한국 한자어사전 등 한문사전이라고 부를 수 있는 것은 죄다 책상에 죽 늘어놓고 내가 번역해야 할 본문을 들입다 파기 시작했다.

번역은 해석과 다르다. 대체적인 뜻만 알아서는 안 되고 넘겨짚어도 안 된다. 글자 하나하나를 모두 알아야 하고, 다시 글자가 조합된 단어의 뜻을 알아야 하며, 또 용례用例를 알아야 한다. 그래서 전체적으로 글이 잘 흘러 막히는 부분이 없게 해야 한다.

검은 글자가 빽빽한 본문 한 장을 놓고 막막하게 사전에 둘러

싸여 있자니 눈물이 다 날 지경이었다. 발표 날 망신당할 것을 생각하면 가만히 있어도 손에 땀이 흘렀다. 모든 글자를 다 찾고 단어를 이렇게도 맞춰보고 저렇게도 맞춰보며 그 종이 한 장에 쓰인 도무지 알 수 없는 검은 글자들을 대체 몇 번이나 읽어댔는지 모른다. 포기할 순 없으니 달리는 것 외에 길이 없었다.

며칠을 그렇게 하다가 어느 날 아침 다시 본문을 펴들었는데, 어라? 글이 보였다! 참으로 신기했다. 진심으로 신기했다. 막막하기만 하던 글자들의 조합이 뜻을 드러내고 내 앞에 재탄생한 순간이었다. 결국 해낸 것이다.

다시 수업 시간이 돌아왔다.

"자네, 번역해보게!"

선생님의 명령이 떨어졌다. 나는 내가 준비한 대로 발표했고, 조마조마한 심정으로 마지막 문장 발표를 마쳤다. 어찌나 땀이 났는지 들고 있던 종이가 축축해졌다. 선생님이 말씀하셨다.

"자네, 번역원 3학년답네. 어디 가서 내 제자라고 해도 되겠어! 잘했어!"

아, 그때의 기쁨을 어찌 말로 다하랴! 국역실습 번역도 마찬가지였다. 같은 과정의 반복이었다. 이 위기를 끝내고 국역실습 본문을 들고 다시 도서관에 가서 모든 사전을 끌어안고 주어진 본문을 읽고 또 읽었다. 글자가 단어가 되고 단어가 글이 될 때까지 읽었다. 뒤지고 찾고 읽고 또 뒤지고 찾고 읽고……. 이 과정에서 점점 글자는 문장이 되어갔다. 국역실습 선생님의 평가는 '거의 손댈 데가 없다'였고, 이후 선생님은 내게 번역원 입사를 권하셨다. 나는 다시 한 번 이루 말로 다할 수 없이 벅찬 성취감을 느꼈다.

《삼국지三國志》〈위서魏書〉에 보면, 위나라의 유명한 학자인 동우董遇에게 어떤 사람이 배움을 청하자 동우가 가르치기를 그닥 달가워하지 않으며 이렇게 말하는 대목이 나온다.

> "반드시 먼저 배울 것을 백 번 읽어야 하니, 책을 백 번 읽으면 그 뜻이 저절로 드러남을 말한 것이다."

내가 경험하기 전까지 나는 이 말을 보고도 '설마~' 했다. 어떻게 모르는 것을 많이 읽는다고 알게 되나? 모르는 건 모르는 것이고 아는 건 아는 것이지. 그러나 아니었다. 결국 언어는 의미를 전달하고자 하는 것이기에 모르는 외국어도 시간을 들여서 알 수 있을 때까지 보고 또 보다 보면 언젠가 이해하는 순간이 온다. 내가 그 서간문과 제문을 결국 읽어낼 수 있었던 것도 마찬가지였다. 글은 반드시 내용을 담는다. 그래서 글자를 찾고 단어를 찾으며 끊임없이 읽고 또 읽다 보면 어느새 글자들이 의미가 되어 다가오는 것이다. 언어를 익히려면 자꾸자꾸 반복해서 읽는 것이 가장 중요하다. 내가 언어에 재능이 있나 없나를 생각할 시간에 한 번이라도 더 읽어보는 게 낫다. 어느 순간이 되면 글이 내포하고 있는 뜻이 저절로 제 모습을 드러낸다. 이렇게 공을 들여 읽게 된 글을 오독誤讀하거나 난독亂讀할 확률이 있을까? 당연히 없을 것이다.

글 읽기는 글자를 안다고 되는 게 아니다. 지속적인, 그리고 상당한 양의 노력이 반드시 필요하다. 한문을 시작한 이래 최고의 에너지를 쏟아부으면서 나는 비로소 한문이 무엇인지 감을 잡았다. 그리고 한문에 한층 더 깊은 매력을 느끼게 되었다.

한쪽 문이 닫히면 다른 쪽 문이 열린다

3학년이 끝나가며 상임연구원 시험이 다가왔다. 시험 준비를 하려면 시간을 확보해야 해서 학생들 가르치던 일을 그만뒀다. 이렇게 저렇게 준비하긴 했지만 자신은 없었다. 상임연구원 시험뿐만 아니라 이때 번역원에서 열리는 시험이라는 시험은 다 봤다. 1급 한문자격능력 시험, 번역원 직원 선발 시험, 그리고 상임연구원 시험, 마지막으로 일반연구원 시험까지 총 네 개 시험을 본 것이다.

한문자격능력 시험은 이제껏 공부한 것에 대한 증명 하나쯤은 있으면 좋겠다 싶어서 본 것이고, 직원 시험은 시험 난이도가 상임연구원과 비슷한데 혹시 몰라 봐둔 것이고, 일반연구원은 상임연구원과 직원 모두 떨어질 경우 어디든 소속이 필요할 것 같아서 봤다.

일반연구원은 연수부와 상임연구원 사이에 약간 애매하게 만들어둔 제도로, 합격이 별로 어렵지 않았고 과정도 그리 빡세지 않았다. 지금은 없어진 제도이다. 상임연구원 시험은 난도가 높다. 어떤 문장이 시험에 출제될지 알 수 없고 주어지는 문장도 길다. 그렇게 낯선 한문을 붙들고 씨름하며 번역 시험을 치르고 나면 그다음에는 한작漢作 시험을 봐야 한다. 한문 작문 시험을 말하는데, 주제 문구를 주면 그것에 대해 한문으로 논술을 써내는 시험이다. 내 인생에 이렇게 열과 성을 다해 치른 시험이 또 있을까? 모든 힘을 쥐어짜서 시험을 보고 났더니 책상에서 일어서는데 온몸이 덜덜 떨려왔다. 이후 며칠간 두통에 시달렸다. 이렇게 애를 쓴 시험 결과는? 낙방이었다.

상임연구원 시험을 본 며칠 뒤에 직원 시험이 있었는데, 이때까지도 상임연구원 시험 후유증에 시달리고 있던 터라 시험지를 받아들고 낯선 한문을 대하자 구토가 몰려오고 머리가 아파왔다. 꾸역꾸역 글자에 집중해봤지만 더는 견딜 수가 없었다. 결국 중간에 시험지를 반납하고 시험을 포기했다. 내게는 직원보다는 상임연구원이 되는 것이 필요했으므로 설령 이 시험에 합격한다 해도 걱정이라고 생각한 상황이라서 밀려오는 토기와 두통을 참고 견디면서까지 시험 칠 필요는 없다고 생각했다. 상임연구원 시험 전에 있었던 1급 한문자격능력 시험과 직원 시험 후 며칠 뒤에 있었던 일반연구원 시험은 합격했다. 3년의 공부와 그 공부 내용이 어땠는지 스스로 테스트해본 장황한 시험 여정은 이렇게 끝이 났다.

기왕 한문을 시작한 것, 그래도 남이 물어볼 때 한문을 할 줄 안다고 말할 수 있는 수준까지는 공부해놓자는 결심이었다. 재수는 그런 내가 밟아야 할 당연한 수순이었다. 다시 시험공부가 시작되었다. 다만 시험 준비한다고 하던 일을 관둔 지 몇 개월 됐기 때문에 생활비가 걱정이었다. 공부할 시간도 확보하고 급여도 적절한 일을 경력이 단절된 상황에서 어떻게 찾을 수 있을까? 관리비가 빠져나가야 하던 어느 날, 은행 잔고를 확인하고 오던 오전 어느 때의 공기는 참으로 싸늘했다. 심란한 마음으로 오후에 수업 들으러 갈 준비를 하고 있는데, 전화 한 통이 걸려왔다. 번역원이었다. 번역원에서 나를 왜? 상임연구원 준비하면서 겨울에 겨울방학 《맹자》 특강을 들었는데 그때 가르쳐주신 선생님께서 연락을 주신 거였다.

"네, 선생님?"

"우리 일 함께 하면 어때요? 나 있는 승정원일기팀에서."

"예? 제가 그곳에서 할 일이 있을까요?"

"윤문을 좀 맡겨보고 싶어요. 긍정적으로 검토해줘요."

"아, 네, 선생님."

그날 저녁에 번역원에 가서 선생님을 뵈었고, 다음 날부터 승정원일기팀에 윤문 계약직으로 출근하게 되었다. 참 사람 일은 알 수가 없다. 오전엔 절망이었는데 오후는 희망으로 반짝였다. 게다가 일하면서 공부할 수 있는 자리, 또 게다가 선생님이 먼저 연락해온 자리라니! 겨울방학 특강 때 별 교류가 없어 나에 대해 좋게 생각하시는지 어떤지 나는 전혀 알지 못했다. 선생님께서 인상 깊게 본 건 내 표현력이라고 했다.

대개 방학 특강 때는 시험을 보지 않는데 이 선생님은 특이하게도 마지막 즈음에 수업을 정리할 겸 시험을 보자고 하셨다. 그리고 시험 채점을 일일이 해서 시험지를 돌려주셨다. 내 시험지에는 '아는 내용을 분명하게 표현하는 능력이 좋네요'라는 평가 내용을 남겨주셨다. 나는 그냥 그런가 보다 했을 뿐이었다. 그런데 선생님께서는 그때 내 시험지를 언급하며, 사람들은 대개 정확하게 규정하기 어려운 내용을 만나면 번역을 얼버무리는데 내게는 그런 습성이 없어서 번역을 하면 잘할 것이란 느낌이 들어 함께 일해보고 싶다는 생각을 했다고 하셨다.

이건 지금까지도 번역을 하며 겪는 어려움이다. 실제로 번역을 하다 보면 정확하게 규정하기 어려운 내용이 많이 나온다. 단어도 그렇고 내용도 그렇고 정확하게 표현하면 독자들에게는 좋지만 번역가에게는 위험부담이 따른다. '확실해? 책임질 수 있어?'라는 자기 검열에 매 순간 시달린다. 내가 쓴 글이 아니라 남이 쓴 글을 번역하는 것이고, 그 남은 나와 시간과 공간이 다르고 문화와 생각이 다른 곳에 사는 사람이니, 번역가에게 번역하기 애매한 부분이 끝없이 쏟아지는 게 당연하다.

그러나 독자들에게는 그게 당연한 일이 아니다. 최대한 독자들의 모국어 문법에 맞는 형태로 오늘의 문화와 인식과 감정에 자연스레 녹아들도록 풀어줘야 한다. 이것은 도전이고 용기가 필요한 일이라서 선뜻 책임지기 쉽지 않다. 그래서 여전히 갈팡질팡하며 어려워하고 있었는데, 선생님께서 가능성이 있다고 봐주신 건 지금도 힘을 얻을 만큼 기쁜 일이었다.

《승정원일기承政院日記》 윤문은 새로운 도전이었다. 이때 내가 참여한 부분은 인조仁祖 임금 대였다. 그곳에서 번역 원고가 오면 원고 원본과 입력본을 교차 점검하여 오류가 있는 부분이나 번역이 어색한 부분을 잡아내 수정하고 표현을 다듬는 임무를 맡았다.

《승정원일기》는 잘 알다시피 승지와 주서가 경연經筵과 백관회의 등에 참석하여 기록한 왕과 대신들의 정무기록으로, 왕명의 출납과 관계된 것이 모두 기록된 대표적인 국고문헌 사료이다. 쏟아지는 왕과 대신들의 정무 내용을 받아 적은 것이기에 분량이 많고 대개 초서草書로 되어 있다. 그래서《승정원일기》를 보려면 초서를 읽을 줄 알아야 한다.

내가? 초서를? 물론 그때까지 초서를 익히지 못했다. 이 일을 하려고 보니 초서 공부가 또 새롭게 진행되었다. 다행히 탈초脫草, 그러니까 초서로 된 글자를 정자로 컴퓨터에 입력한 입력본 원문이 있어서 초서를 조금만 익히면 어렵지 않게 작업해나갈 수 있었다. 그리고 재미있는 것은《승정원일기》에는 이두가 사용되었다는 점이다. 내가 이때가 아니면 언제 이두가 사용된 문헌을 읽어볼 수 있겠는가?

한번은 해석을 굳이 하자면 아주 안 되는 것은 아닌데 그렇다고 그냥 두자니 영 부자연스러운 문장이 나온 적이 있었다. 어떻게 봐도 말이 순탄치가 않았다. 한참을 고심하다가 혹시나 이두가 아닐까 하는 생각에 이두 사전을 펼쳐봤는데 아닌 게 아니라 정말로 이두였다. 종종 나오는 이두는 판별이 쉬운데 진짜 자주 안 쓰이는 희소한 이두인 데다가 그게 한문으로 해석해도 이럭저럭 뜻이 이어지는 경우에는 이렇게 번역자를 골탕 먹일 수 있다.

승정원일기팀에 들어와서 내가 한 일은 내내 한문으로 된 낯선 글을 읽고 또 읽는 것이었다. 이보다 더 시험공부에 도움이 많이 될 수 없었다. 읽던 책만 읽어서는 글 보는 실력이 늘지 않는다. 끊임없이 낯선 글에 자신을 노출시켜야 한다. 익숙하지 않은 외국어로 된 낯선 글을 계속 대하는 것은 에너지가 꽤 많이 드는 일이다. 그래서 혼자 하려고 하면 자꾸 도망치거나 분량을 줄이게 된다. 익숙한 글을 더 많이 보면 되지 않을까 합리화하고 싶은 생각도 든다. 그런데 이렇게 빼도 박도 못하게 책상에 붙어 앉아 늘 낯선 한문을 대하는 상황이 주어지고, 이걸 하면서 월급도 적잖이 받을 수 있다니! 나에게는 환상적인 시간이었다.

게다가 번역의 베테랑이라는 분들과 함께 일하면서 한문번역가로 산다는 것이 어떤 것인지 엿볼 수 있어 좋았다. 매일 단어와 용례를 가지고 씨름하고 회의하고, 또 번역에 대해 서로 묻고 답하고 고민하는 모습을 보며, 사료 번역에 얼마나 많은 노력과 공부의 품이 드는지 조금은 경험해볼 수 있었다.

승정원일기팀에서 1년을 계약했지만 상임연구원 시험 준비 때문에 시간을 다 채우지는 못하고 퇴사했다. 다시 얼마간 시험 준비에 매진했고, 이번에는 합격했다. 드디어 나는 상임연구원이 되었다.

공부란 산을 쌓는 일과 같아서

3장 고금반

나의 공부는 온전히 나에게 달려 있다

승정원일기팀에서 퇴사하고 또 백수로 상임연구원 시험을 준비할 때 우연히 반디앤루니스라는 서점에서 주최하는 한문경시대회가 있다는 걸 알게 되었다. 《명심보감明心寶鑑》으로 예심을 보고 본선에 진출하면 《논어》 시험을 보는데, 대상을 차지하면 50만 원을 주고, 입선에게도 도서상품권을 준다고 했다. '와, 괜찮은 조건이다!' 생활비도 빠듯한데 한번 해볼 만하다고 생각했다.

《명심보감》은 워낙 기본 서적이라 성인이 된 이후 한문을 시작한 나는 이 책을 본 적이 없는데, 이때를 기회로 한 번 훑어볼 수 있었다. 다행히 예심은 붙었다. 그런데 막상 본선을 준비하기 위해 《논어》를 펴보니 시험 날짜는 코앞인데 분량이 막막했다. 상임연구원 시험에 《논어》는 안 나온다. 백 퍼센트 안 나온다. 그런데 본선을 보자고 다시 《논어》 읽을 생각을 하니, 이게 지금 잘 하는 건가, 그냥 시간 낭비 아닌가, 다른 살길을 도모해야 하는 건 아닌가 계속 망설여졌다. 그러다가 《논어》 〈자한子罕〉 편에서 내 마음을 붙드는 구절을 하나 발견했다.

> "산을 쌓는 일을 한번 생각해볼까요? 한 무더기만 더 쌓으면 산이 완성돼요. 근데 그걸 못 하고 그만두잖아요? 산은 완성되지 못하고 끝난 거예요. 거의 다 쌓을 뻔했는데……, 이런 건 의미가 없어요. 완성되지 못한 건 결국 내 탓이죠. 하지만 반대의 경우도 생각해볼 수 있어요. 땅을 편평하게 고르겠다고 흙 한 무더기 퍼다 날랐잖아요? 그럼 이미 시작된 거예요. 그 무더기만큼 땅이 골라진 거고, 그 크기가 얼마든 나는 전진한 거죠."

정말 멋지지 않은가! 나의 공부는 온전히 나에게 달려 있는 것이란다. 남들이 보기에는 이미 산이 다 완성되었고 그래서 너는 산을 만들었다고 칭찬할지 모르지만 내가 계획한 것에 흙 한 삼태기를 끝내 다 붓지 못했다면 나는 실패한 것이란다. 내가 실패한 것을 남들이 다 몰라도 '나'만은 안다는 것이다. 또 그 반대로 흙 한 삼태기를 날라다 붓는 순간 남들은 그거 언제 하느냐고 비난하더라도, 절대 못 끝낸다고 어깃장을 놓더라도, 일은 이미 시작되었고 나는 그만큼 전진했다는 것이다. 시험도 중요하고 결과도 중요하고 남이 알아주는 것도 중요하겠지만 그보다 더 중요한 것은 '나'라는 공자의 가르침이 인상 깊게 다가왔다.

하나를 읽어 하나를 아는 것도 내가 아는 것이고 나의 진척이다. 며칠 공부하는 걸로 뭘 그리 고민했던가? 내 학문의 산에 이미 기억이 희미해지고 있는 《논어》라는 흙 한 삼태기 부었으면 그걸로 의미 있는 거지 뭘 이렇게 재고 따지나 싶어 어정쩡하게 망설이던 마음을 접고 잠시 《논어》에 매진했다.

시험 당일 종로 반디앤루니스에 가니 그곳 로비가 시험장이었다. 시험을 다 보자 곧바로 채점이 이어질 거고 두 시간 뒤에 시상식이 열릴 예정이라면서 곧 다시 시험장으로 오라고 했다. 당일 발표라는 게 마음에 들었다. 도서상품권이라도 챙겨 가면 홀가분하고 뿌듯하고 좋을 것 같았다. 기쁘게 밥 먹고 주변 상점 좀 기웃거리다가 시상식장에 왔다. 시상식장에 들어서는 순간,

아니 이런! 내 머릿속은 하얘지다 못해 새까매졌다. 우리 번역원에서 나를 가르치신 선생님 두 분이 떡하니 그 자리에 계신 것 아닌가!! 특별심사위원이시란다……. 나는 한문을 전공하지 않았으므로 이 바닥이 얼마나 좁은지 그때까지 전혀 모르고 있었던 것이다.

후회가 쓰나미처럼 밀려왔다. 입선에 이름이 불리느니 차라리 떨어지는 쪽이 나은 상황이었다. 상임연구원 시험을 본 내가 한문의 기본서인 《논어》 번역 시험에서 일반인과 경쟁해 고작 입선을 한다면 내 앞날은 참으로 치욕 그 자체일 터였다. 핀잔과 꾸지람을 들을 게 뻔한 것은 물론, 이 일이 소문나 나의 찬란한 꼬리표가 되어 오래오래 따라다닐 게 분명했다.

생애 최초의 경험이었다. 상을 타는데 이름이 안 불리기를, 안 불려야 한다고 간절히 소원했던 경험은! 제발! 제발! 내 이름이 불려선 안 돼! 내 이름 부르지 마! 제발!! 오오오~ 입선이 무사히 지나갔다. 다음은 3등. 아, 이것도 위험해. 아니야, 불려선 안 돼! 차라리, 아, 나 이 시험 보는 게 아니었어. 왜 공고가 나붙은 것이 내 눈에 들어왔던 거야! 에잇, 이런 대회!! 왜 이 바닥이 좁을 거라 생각 못 한 거지? 왜? 왜?!! 3등도 안 불렸다. 아~ 선방했다. 이제 되었어! 괜찮아! 2등 정도는 욕먹지 않을 수 있을 거야……!

나는 운 좋게도 그 모든 불안을 떨치고 대상을 받았다. 연단에 올라가서 수상 소감까지 말하게 되었는데 아래쪽을 보니 선생님 두 분께서 흐뭇한 미소를 짓고 계셨다. 당혹스러웠던 마음을 그제야 쓸어내렸다.

그리고 두어 달 뒤에 상임연구원 시험을 봐서 합격했는데, 입학 첫날, 그 두 분 중 한 선생님께서 다른 신입생들과 선배들에게 말씀하셨다.

"앞으로 《논어》에서 궁금한 거 있으면 자헌이에게 물어봐~ 그건 재가 잘 알어!"

다들 무슨 말씀이시래 하는 표정이었다. 나와 선생님만 아는 이야기였다.

지금은 반디앤루니스가 없어졌지만, 있는 동안에는 매해 이 대회가 열렸던 모양이다. 한 10년쯤 지났을 때던가? 문득 서점에서 연락이 왔다. 기념행사를 크게 가질 예정인데 1회 수상자로서 참석해 자리를 빛내달라는 것이었다. 그러마고 답했고, 참석했더니 그날 수상자들에게 격려의 한마디를 할 수 있는 기회가 주어졌다. 나는 한문에 눈을 빛내고 있는 오늘의 수상자들을 보며 그때 어정쩡하게 서서 갈팡질팡하던 나에게 힘이 되어주었던 《논어》의 저 구절에 대해 말했다.

남이 해주는 칭찬과 격려도 공부하는 데 힘이 되지만 진정한 힘은 자신에게 달려 있는 것이라고, 한 삼태기의 흙이 부족해 산을 완성하지 못하는 것도 자기 스스로 멈춘 것이고 한 삼태기의 흙을 부어 전진한 것도 자기 스스로 전진한 것이라고, 아무도 알아주지 않아도 내 전진은 내가 알고 아무도 눈치채지 못했더라도 나의 멈춤은 내가 아는 것이라고, 그러니 부디 자기 스스로가 인정할 수 있는 자기 공부를 하라고 말이다.

그 말을 하며 나 자신을 돌아보았다. 나는 어떤가? 여전히 남이 뭐라고 하든 내 길을 스스로 설정하고 꾸준히 침착하게 걸어가고 있는가?

모든 일에는 여유가 필요해

상임연구원 시험 날짜가 다가오자 스트레스가 극에 달했다. 나는 왜 이만큼밖에 공부해두지 않았을까? 왜 실력이 이것밖에 안 될까? 매일 자책했다. 그러다 문득 그런 생각이 들었다. '완벽하게 다 알 거면 입학을 왜 하지?'

우리는 시험 준비를 하며 압박을 받다가 종종 완벽한 실력을 갖추어야 한다는 오류에 빠지곤 한다. 그러나 시험이란 이미 전문가처럼 완벽하게 알고 있는 완성형 인간이 아니라 앞으로 훈

련하면 크게 성장할 가능성을 지닌 인재를 뽑는 것이다. 그래서 그것을 보일 만큼의 기본적인 소양만 갖추고 있으면 된다. 다 알고 다 갖추고 있으면 이미 전문가인데 뭐 하러 시험을 보겠는가? 완벽함이 아니라 거기 들어가 성장할 자질이 필요한 것이다. 그러니 시험관들도 그것에 주목하지 않겠는가?

지금은 제도가 바뀌어 그렇지 않지만 내가 다닐 때는 한 해에 상임연구원을 서너 명 정도 뽑았다. 이곳을 졸업하면 번역원의 번역 프로젝트에서 박사에 준하는 자격으로 인정받는다. 한국고전번역원은 해마다 우리나라 한문번역의 85퍼센트 이상을 담당하는 명실공히 한문번역 분야에서 최고로 인정받는 기관이다. 그러니 한문을 전공하지 않고 한문에 뛰어든 나로서는 제대로 된 번역가가 되기 위해서도 상임연구원은 꼭 합격해서 이수해야만 하는 과정이었다.

우여곡절 끝에 결국 합격했다. 합격한 것을 알았을 때의 기쁨은 엄청났다. 시험 이후 합격 발표 직전까지 내내 달고 있던 두통이 다 사라졌다. 그러나 기쁨도 잠시, 엄청난 분량의 공부 앞에 허우적거려야 했다. 여전히 한문에 자신이 없었으므로 선생님들께서 요구하시는 공부 분량은 내게 스트레스 그 자체였다. 초콜릿을 얼마나 먹어댔는지 모르겠다.

그러고 보니 참 재미있는 게, 이곳에 계시는 선생님들은 말수도 별로 없고 그냥 첫인상으로는 계속 공부만 할 것 같은 분들이 대다수여서 처음에는 나만 군것질하는 줄 알았다. '군것질은 애들이나 하는 거지!' 하고는 향기 좋은 차만 드실 것 같은 느낌이랄까? 그런데 웬걸? 우연히 군것질 거리가 생겨 사무실 중앙에 놔둔 적이 있었는데 조용히 순식간에 사라졌다. 어? 언제 다 없어졌지? 소리 없이 사라져서 사라진 줄도 몰랐다. 나중에 좀 익숙해지고 나서 관찰해보니 오후쯤 되면 다들 단것을 찾았다. 생머리 쓰며 번역하다가 오후쯤 되면 이것저것 눈에 보이는 단것부터 일단 입에 넣고 보는 것이었다.

상임이 된 이후에도 중간고사와 기말고사는 늘 나를 따라다녔다. 언제쯤 돼야 이놈의 시험 안 보고 살 수 있나 생각했지만 나는 지금까지도 시험에서 자유롭지 못하다. 번역원에서는 번역위원들의 번역 원고를 받으면 일정량을 추출해서 평가해 점수를 매긴다. 그리고 번역원이 설정한 일정 점수 이상을 받지 못하면 재번역을 시키고 그래도 결과가 좋지 않으면 번역위원 자격을 박탈한다. 경력이 얼마가 됐든 원고를 낼 때마다 평가받는 제도를 운영하는 기관에 속해 번역을 하고 있기에 끊임없이 시험과 함께하는 삶을 살아가는 것이다.

중간고사든 기말고사든 시험 내용은 다 똑같다. 안 배운 부분에서 시험문제가 출제되고 그것에 구두점을 찍고 번역하는 방식이다. 학생이 몇 되지도 않으니 시험이 끝나자마자 선생님들께서 즉시 시험지를 들고 학생들 연구실을 찾아오신다.

상임이 된 첫해였던가? 시험문제에 '全義李氏'라는 글자가 들어 있었다. 나는 보학譜學에 형편없이 취약하다. 영락없는 요즘 사람이어서 누구 본관이 어디고 누구 자손이고 이런 데 전혀 관심이 없어서 가장 기초적인 성씨들에 대해서도 자세한 본관은 모른다. 이때까지만 해도 '김, 이, 박, 뭐 이렇게 성 알고, 본관은 내 본관 알았으면 됐지. 남의 성씨 본관이야 내가 알 필요 있나?'라는 입장이었다.

전의全義는 이씨李氏의 본관 중 하나다. 충청남도 연기군 전의면을 본관으로 하는 성씨인 것이다. 나는 이때 전의 이씨를 처음 알았다. 당연히 번역할 때는 전혀 몰랐다.

내가 어떻게 했을까? 그렇다. 풀어썼다. '의를 온전히 하다'라고. 그래도 '李'를 번역하지 않은 것은 얼마나 다행인가? '오얏' 외에는 뜻을 더 찾을 수 없어 아무래도 풀 수가 없었다. 그래서 이상하든 말든 '의를 온전히 한 이씨'라고 풀었다. 누가 봐도 성씨인 '李'를 혹 풀어야 하나 고민했던 것은 저 '全義'를 번역하면

할수록 뒤 문장과 전혀 이어지지 않았기 때문이다.

선생님은 시험이 끝나기가 무섭게 학생들 연구실로 오셔서는 실력들이 엉망이라고, 너무 실망해서 무슨 말을 어떻게 해야 좋을지 모르겠다며, "어떤 놈은 전의 이씨를 풀어썼더구만. 의를 온전히 한다네?" 하고 탄식했다. 네, 그렇습니다, 선생님. 무식한 제가 그랬습니다…….

이후로도 상임 내내 보학을 더 공부하지는 못했다. (안 한 건가?) 워낙 관심이 없다 보니 할 공부도 많은데 굳이 손이 가지 않았다. 족보를 줄줄 꿰시는 선생님들이 신기해 보일 따름이었다. 어떤 사람 이름이 나오면 그 조상은 누구고, 그 조상 누가 누구랑 친한데 어디와 혼인을 맺어서 어떻게 됐고, 누구의 제자고 등등이 주르륵 흘러나오는데 그걸 다 어떻게 외우시나 싶었다. 다만 내가 공부할 때 꼭 필요하다는 생각은 못 했는데, 점점 한문에 오래 발을 담그고 있다 보니 이제야 보학이 필요하구나, 해야겠구나 하는 생각이 든다.

조선에서는 집안과 혼맥과 학맥이 매우 중요했다. 그게 지금의 인식처럼 서로 챙겨주고 끌어주고 하는 잘못된 사회 병폐로서의 관계가 아니라 조선이라는 사회 구성 형태의 특성 중 하나였기에 중요했다. 혈연 중심의 종법제 사회로 가족 단위가 사회에 매우 중요한 축을 담당하고 있었던 데다가 혼인이라는 게 남녀가 서로 좋아서 하는 게 아니라 가문과 가문이 맺어지는 일이다 보니 혼인을 통해 스승과 제자의 연이 맺어지기도 했다. 한번 스승과 제자의 연을 맺고 나면 부모 이상으로 인생에 중요한 영향을 미치는 관계가 되었다.

조선 후기 대문장가인 연암燕巖 박지원朴趾源은 사실 어려서 집에서는 공부를 별로 가르치지 않았는데 16세에 혼인하면서 처가의 영향을 받아 본격적으로 공부하기 시작했다. 조선 초기 사육신들의 행적을 기록한 〈육신전六臣傳〉을 남긴 추강秋江 남효온南孝溫도 사육신 사건 당시 세 살이었는데, 그때 의금부에 있으면서 모든 일을 다 목격한 그의 장인이 그에게 사건을 일일이 들려주며 영향을 미쳐 이 글을 쓰는 데까지 이를 수 있었다. 그러니 한 사람을 이해하려면 반드시 그의 집안, 학통, 혼인관계를 살펴야 한다고 해도 과언이 아닐 정도다.

번역을 하는 데는 한문 실력 외에도 이렇게 다양한 분야의 지식이 필요하다. 이런 배경이 없는 나는 당연히 고생을 해야 했고, 그러다 보니 여전히 성적이 좋지 않았다.

1학년 말에 한 명씩 선생님과 상담하는 시간을 가졌다. 선생님은 나에게 어떤 자극을 주고 싶으신 모양이었다. 내가 총무를 맡고 있던 터라 먼저 상임연구원들 상황에 대해 몇 가지 물으시더니 이내 본론인 성적 이야기를 꺼내셨다.

"자네, 공부 안 할 건가?"

"예?"

"자네가 꼴등이라고! 자네 이렇게 공부 안 하면 번역위원 위촉도 안 해준다!"

"……예에……."

잠시 정적이 흘렀다. 선생님께서 너무 엄중하게 말씀하셔서 분위기가 무겁게 가라앉아 열심히 하겠단 말도 안 나왔다. 그렇게 면담이 끝났다. 내 자리로 돌아오니 다들 궁금해하며 무슨 얘기를 했는지 물어왔다.

"무슨 얘기 했어?"

"응, 나 3등이래~!!"

"하하하하하하하~~~~!!!!"

나는 3등이 맞다. 꼴등이기도 하지만 동시에 3등이기도 하다. 상임 1학년이 세 명이기 때문이다. 3등이면 괜찮은 성적 아닌가? 선생님도 좋게좋게 3등이라고 하시면 될 걸, 야박하게 꼴등이라고 콕 집어 말씀해주시기는!

어차피 나는 상임 3년 과정 다 다닐 건데 3년 다니다 보면 나도 성장하고 그러겠지, 설마 1학년 실력 그대로 끝까지 가겠는가? 특히 나처럼 한문 배경이 전무한 사람은 남은 게 성장밖에 없지 않나? 몰라도 이만큼 해냈는데 알게 되면 얼마를 더 잘해내겠는가 말이다.

모든 일에는 여유가 필요한 것 같다. 원래 잘하는 사람도 많고, 나보다 먼저 시작해서 이미 잘하고 있는 사람도 많다. 그런 사람들을 보면 지금의 내 모습에 한숨밖에 나오지 않는다. 그러나 내가 한숨 쉰다고 주변에서 격려해주지 않는다. 그들도 내 안에 무엇이 있는지 알지 못하기 때문이다.

나는 스스로에게 낙담해도 주변에서는 내 가능성을 알아보고 응원해주길 바라는 게 사람 마음이다. 그러나 나도 모르는 내 가능성을 주변 사람들이 어떻게 알아볼 수 있겠는가? 아주 오래 나를 눈여겨보다가 나도 몰랐던 내 가능성을 발견해주는 이가 있기도 하겠지만 그건 나를 그만큼 오래 지긋이 눈여겨볼 만큼 애정이 있는 경우라야 가능하다. 게다가 가능성을 봤다 쳐도 그 가능성대로 밀고 나가면 성공할 것이냐 말 것이냐는 또 그 사람이 말해줄 수 있는 몫이 아니다. 미래는 책임질 수 없는 영역이기 때문이다. 그래서 내가 크게 절망하고 있을수록 밀고 나가보라고, 분명히 된다고, 힘껏 외쳐줄 수 없는 것이다.

타인의 칭찬과 격려는 사람이 자신의 길을 소신대로 밀고 나가는 데 큰 힘이 돼준다. 객관적 지표로 보이는 성적도 마찬가지다. 좋은 성적이 나오면 아무래도 내가 선택한 것이 내게 맞는 길이라는 확신을 갖기가 더 쉽다.

그러나 인생을 많이 걷진 않았어도 이만큼 걸어보며 느낀 것은 꼭 그렇지만은 않더라는 사실이다. 타인의 인정이나 칭찬, 격려, 혹은 객관적인 성적보다 더 중요한 것이 그 일을 하는 자신의 의지다. 나는 이 일을 어느 수준까지 해낼 것인가 하는 목표가 확실하고 그 목표에 도달할 때까지 꾸준히 걷겠다는 의지가 확고할수록 외부 상황에 덜 흔들리게 된다. 그 목표가 내가 도달할 수 있는 것이라면 더욱 그렇다. 오직 1등을 하겠다는 것이 목표가 되면 1등이 꼭 내 마음대로 되는 것이 아니니 좌절하고 흔들릴 수 있겠지만, 내가 어디까지는 꼭 이해하고 배우겠다, 어느 수준까지는 반드시 도달하겠다는 것이 목표가 되면 그건 충분히 내 의지로 도달할 수 있다.

내 경우는 '한문을 한다고 자신 있게 말할 수 있는 수준'까지 공부하는 게 목표였다. 한문을 전공했다고 부끄럽지 않게 말하려면 어떤 글이든 그래도 어느 만큼은 읽어낼 수 있어야 한다고 생각했다. 거기까지 가는 게 내 목표였다. 1등이냐 3등이냐는 중요하지 않았다. 내가 나를 인정할 수 있는 수준까지 번역원에서 나를 내쫓지만 않으면 계속 공부해보겠다고 생각하고 있었으니 3년 공부를 보장받았으면 그것으로 된 것이었다. 내 속도는 내가 알아서 하기 위해, 선생님들이 요구하는 속도에 휘둘리지 않기 위해 안간힘을 쓰는 게 내가 선택한 최선이었다.

즐거운 답사의 추억

번역원은 딱딱하게 공부만 할 것 같지만 종종 함께 모여 여행을 간다. 소풍도 가고 답사도 꼭 간다. 개인적으로 여행을 별로 즐기는 편이 아니다. 산책은 좋아하지만 일삼아 어딘가 돌아다니는 것을 그리 즐기지 않아서 가본 곳이 별로 많지 않다. 그러나 앞서도 말했지만 한문번역이란 이제는 사라져버린 과거와 소통하는 일이라서 가만히 글만 들여다봐서는 안에 담긴 내용을 제대로 번역해내기 어렵다. 당시 사람들의 생활 방식과 그들이 눈에 담았던 풍경, 그 삶의 공간을 될 수 있는 대로 직접 보면서 이해의 폭을 넓히는 것이 좋다. 백문이 불여일견이라고 하지 않던가? 아무래도 머리로 상상만 하는 것보다 직접 눈으로 보면 쉽게 이해되고 마음에 빨리 와닿는다.

그러나 나도 답사의 가치를 빨리 알아챘던 건 아니다. 처음 상임이 되어 봄소풍을 가게 됐을 때 선생님들께서는 너희들 원하는 곳으로 한번 정해보라고 하셨다. 어디든 괜찮으냐고 여쭈었더니 그렇다고 하셨다. 그래서 놀이동산에 가자고 했다. 상임도 합격했고 봄도 되었으니 놀이동산 가서 아주 신나게 놀다 오고 싶었다. 놀이동산 갈 거 아니면 산뜻하게 궁궐이나 다녀오자고 했다. 멀리 나가 진 뺄 거 뭐 있냐고, 궁궐을 자세히 들여다본 적 없으니 찬찬히 걸으며 궁궐 돌아보고 쉬다 오자고 했다.

분위기가 한순간에 험악해졌다. 선생님들께서는 화가 나는데 당신들께서 해놓은 말이 있으니 바로 뒤집지는 못하고 너희들 정말 이럴 거냐는 표정으로 상급생들을 바라보셨다. 신입생인 내가 뭘 알겠나? 그냥 선생님들 원하시는 곳 말씀하시지! 여하튼 그 이후로 나는 소풍이든 답사든 갈 곳 정할 때는 일절 의견을 내지 않았다. 가만히 입 닫고 있는 게 도와주는 거였다. 그래도 따라다니기는 잘 따라다녔다.

안동에도 자주 다녔고, 경기도 일대 유적지를 탐방하기도 했으며, 서원을 기행하기도 했고, 전라도 쪽 일대의 정자를 죽 둘러보기도 했다. 중국으로 공자·맹자 기행을 다녀오기도 했다. 이후에 번역위원과 전문위원이 되어 일할 때도 이곳 선생님들은 종종 답사를 기획해 번역하는 주제와 관련된 지역이나 건물을 직접 가서 보고, 박물관에서 열리는 특별전에도 단체 관람 신청을 해서 함께 보았다.

소풍이나 답사를 가면 그 지역의 주요 무덤을 찾아다니는데 무덤에 가면 선생님들께서는 꼭 비석에 새겨진 글을 읽으신다. 당신들께서 직접 읽으시기도 하지만 그렇게 하기 전에 꼭 학생 한두 명을 불러다가 읽어보라고 시키기 때문에 나는 요령껏 피해 다니느라 바빴다. 나만 그런 게 아니었다. 답사가 진행될수록 학생들은 점점 뒤로 슬금슬금 빠졌다. 사실 무덤 찾아다니며 절하고 묘비에 새겨진 글 읽는 게 무슨 재미가 있겠는가? 세상에 재미있는 게 얼마나 많은데! 하지만 선생님들께선 그게 제일 재미있으시다는데 어쩌겠는가? 따라가서 읽어야지. 물론 3등의 떠듬박거리는 해석을 듣고 싶진 않으실 테고, 그래서 슬슬 피해도 굳이 날 찾지는 않으셨다. 서로 짜고 치는 고스톱이지, 하하. 상임연구원은 세 개 학년 총 12~13명에 교수님 세 분이었기 때문에 여행하기에는 적절한 인원이었다.

뭐든 비석에 새겨진 글 읽기 좋아하시는 선생님들 성향 탓에 재밌는 일이 한번 있었다. 어디 종친회에서 자기 조상들의 훌륭한 업적을 기려 기념비를 조성해둔 곳이 있었는데, 그 비석에 훌륭한 조상 중 한 명이 쓴 한시 한 수가 새겨져 있었다. 선생님들은 당연하다는 듯 읽어 내려가기 시작하셨고, 그중 삼수변이 있어야 하는데 빠져 있어서 잘못된 글자 하나를 찾아내셨다. 우리에게 그 비석을 설명하시던 종친회 관계자분은 약간 당황하셨지만 다시 삼수변을 파면 되니까 산뜻하게 패스! 그러나 선생님들은 이내 또 삼수변이 있으면 안 되는데 삼수변을 파서 잘못된 글자를 찾아내셨다. 관계자분은 다시 당황. 그러나 돌가루를 뭉쳐 메우면 된다고 말씀하시며 그럭저럭 패스!

여기서 끝나나 했지만 선생님들은 기어이 큰 건을 잡아내시고 말았다. 번역 한 줄이 다 틀린 것이었다. 아! 관계자분은 완전히 당황하셨다. 이번에는 아무래도 수습하기 어려운 상황이었다. 해맑으신 선생님들에 반해 눈치가 빠한 우리는 '아, 선생님들 정말! 그냥 좀 지나치시지! 인제 어쩌지?'라며 서로 눈짓으로 한탄하고 있는데, 관계자분이 갑자기 해결책을 찾아내셨다. "괜찮습니다! 회비 걷어서 다시 만들면 됩니다! 하하하하!" 우리도 따라서 "하하하하하!" 하며 일은 그렇게 잘(?) 마무리됐다. 종친회가 잘 운영되고 있어서 정말이지 다행이었다.

여행을 함께 다니면 역사 기록물을 번역하는 데 도움도 많이 받지만 동학들과 추억도 많이 쌓인다. 2학년이 되고 후배들이 들어와서 함께 가을 답사 여행을 갔을 때의 일이다. 안동에 있는 봉정사 극락전을 갔는데, 그곳 해설사분께서 이곳은 고려시대 건축물 중 영주 부석사와 함께 가장 오래된 목조 건축물로 국보 15호에 해당하는 중요 문화재라며 이곳의 가치에 대해 열심히 설명해주셨다. 다들 고개를 끄덕이며 열심히 듣고 막 문을 나서는데 내 옆에 있던 후배가 조용히 말을 건네왔다.

"언니, 여긴 진짜 오래된 곳인가 봐요!"

얘 뭐래니?

"너 뭐 들은 거야? 고려시대에 지어진, 우리나라에서 가장 오래된 목조 건축물이라고 해설사님이 방금 말씀하셨는데, 뭐? 진짜 오래된 곳인가 봐요?"

후배는 눈을 꿈뻑거리며 조용히 답했다.

"음, 그렇군요!"

조용하게 엉뚱한 아이였다. 거기서 조금 걸어 내려가니, 지금은 정확히 기억나지 않지만 유명한 시조가 새겨진 큰 돌비가 하나 나왔다. 모두 서서 시조를 읊어보고 있는데 그 아이가 다시 다가오더니 또 진지하게 말을 건네왔다.

"언니, 이 시는 전형적인 한시 양식을 띠고 있네요."

"얘야, 글자가 안 보이니? 한글이잖아. 시조. 3장 6구 45자 내외, 종장이 세 글자로 시작. 전형적인 시조잖아."

"음, 그렇군요, 언니."

실컷 놀려먹었다. 음, 이런 장래가 촉망되는 녀석 같으니라고! 그런데 장래가 촉망되는 행동은 이것이 끝이 아니었다. 우리가 묵은 숙소는 옛날 한옥을 그대로 수리해서 사용하고 있는 형태였는데, 그래서인지 굴뚝도 옛 모양 그대로 외따로 떨어져 나와 뒤뜰 담 옆에 세워져 있었다. 이 굴뚝을 본 후배가 나를 다시 찾았다.

"언니, 언니, 여기도 탑이 있네요! 어쩜 집 안에 탑이 있을까요?"

조금 전에 보고 온 모전탑 잔상이 머리에 남았던 걸까?

"굴뚝이잖아, 굴뚝. 이게 어딜 봐서 탑일까?"

"아, 굴뚝이군요, 언니!"

이번 답사 여행의 주인공은 누가 뭐래도 이 후배였다. 아직까지도 이때 여행 갔던 기수가 모이면 그 얘기를 한다. 하루에 세

번이나 영특했던 이 아이를 누가 이기랴? 확실히 이 후배는 장래가 촉망되는 녀석이었음이 분명하다. 이후로 훌륭히 공부를 마치고 박사학위 따서 제자들을 양성하면서, 책도 내고 유명한 학술상도 받으며 학자의 길을 멋지게 걷고 있으니 말이다.

중국 여행도 기억에 많이 남는다. 번역원과 참으로 찰떡인 여행이었다. 공자·맹자 기행이라니! 일정도 멋있다. 공자 집, 공자 묘, 공자 사당……. 자, 그다음은? 맹자 집, 맹자 묘, 맹자 사당……. 그럼 저녁에는? 공자 쇼! (공자 쇼도 있는 줄 미처 몰랐다.)

산도 한 번 올라갔다. 어떤 산에 올랐을까? 공자가 동산에 올라 노나라가 좁은 줄 알았고 태산에 올라 천하가 좁은 줄 알았다 말할 때 나오는 바로 그 태산에 올랐다. 나도 천하를 좁게 보아볼까 하고……. 그러자 정말로 천하가 좁아 보이더냐고 물으신다면……. 사실 태산의 높이는 1,532미터로, 우리나라 주요 산보다 낮다. 백두산이 2,750미터쯤 되고, 한라산이 1,950미터쯤, 지리산이 1,915미터쯤 된다. 게다가 그날은 안개까지 자욱하게 껴서 뭐가 잘 보이지도 않았다. 결과적으로 내게 천하는 여전히 한없이 넓기만 하다.

재미있는 것은 공자의 사당이 있는 산동 지역은 공자가 지역의 핵심이라 공자 사당보다 건물을 높게 짓지 않는다는 점이었다. 공자 사당은 꽤 웅장한 규모를 자랑하긴 했지만 그래도 현대 건물이 아닌데 그렇게 많이 높을 순 없다. 제일 높은 건물을 공자 사당으로 하니, 그 지역에서 꽤 좋다는 호텔도 넓은 면적에 낮게 펼쳐져 있었다.

서울의 궁이 떠올랐다. 경복궁을 둘러싸고 펼쳐져 있는 높은 건물들에서는 경복궁이 훤히 내려다보인다. 지금 궁이 대통령 집무실도 아니니 들여다보면 안 되는 기밀이 있거나 하진 않지만 그래도 우리 역사에서 가장 존엄한 장소로 기능했던 곳인데 조금 더 예를 갖추는 방식으로 높이를 제한해 건축 허가를 내줘도 좋지 않았을까 생각해보게 되었다.

우리의 과거를 우리가 존중하지 않는다면 누가 존중하겠는가? 존중은 마음으로 하는 것이지만 존중하는 마음은 필경 밖으로 표출되게 마련이다. 대한민국이 처음 서울의 도시계획을 할 때 과거를 존중하며 현재에 과거를 조화시켜 하나의 흐름으로 만들겠다는 의식이 있었을까? 그리고 오늘날 우리가 건축물을 세우고 도시 경관을 조성할 때도 혹시 그런 생각을 한 번이라도 해보았을까? 글쎄……. 잘 모르겠다.

어느새 콩나물은 무럭무럭 자라고

3년이란 참 빠른 시간이다. 중학교 때도 고등학교 때도, 입학하나 싶으면 3학년이 되더니 상임 때도 그랬다. 이제 공부 좀 해볼까 싶었는데 3학년, 그러니까 졸업반이 되었다.

나는 얼마나 성장했나? 이제 글은 잘 읽을 수 있나? 모르겠다. 그간 재미있는 일도 많았다. 수업 과목은 아니지만 선생님께서 번역을 맡은 글 중에 서사시가 있어 그것을 수업 외로 강독한 적이 있는데, 그중 내가 맡은 부분은 명나라 건국에 관한 내용이 담긴 것이었다. 이것 때문에 명나라 역사를 공부하게 되었다는 약간의 소득은 있었지만 여하튼 시에는 낯선 한자가 많이 나오고 고사故事도 많이 나오는 터라 번역이 여간 까다로운 게 아니다. 나는 연수부 3학년 때 앞에서 말했던 사건들로 그렇게 혹독하게 번역 연습을 했지만 막상 상임연구원이 되고 나니 또 그렇게 열정적으로는 움직여지지 않았다.

내 공부 방식 중에 남들도 가장 신기하게 생각했던 게, 번역하는 사람들은 잘 보지 않는 작은 사전으로 공부한다는 점이었다. 특별히 주장하는 게 있어서 그렇게 한 것은 아니고 열 권이 넘는 사전을 수도 없이 찾아야 한다는 게 부담스러워서, 되도록 어떻게든 작은 사전으로 해결해보려고 했을 뿐이다. 무려 서사시가 그 작은 사전으로 해결될 리 없었다. 하지만 나는 덤볐고, 결과는 처참했다. 강독 시간에 선생님 앞에서 번역하고 있는데 선생님의 얼굴이 점점 벌겋게 달아올랐다. 내 번역이 엉망이었단 뜻이겠지. 결국 선생님은 노하셨다.

"자네, 말이 되나? 어떻게 그렇게 해석을 하나? 이 글자를 그렇게 해석한다고 어디에 나오든가 말이야!"

나는 해맑게 대답했다.

"제 사전에는 그렇게 나오던데요?"

선생님은 잠깐 밖으로 나가셨다. 화를 삭이시기 위해서였다. 나는 여전히 납득하지 못했다. '내 사전엔 그렇게 나오던데 왜~ 뭘~' 한문은 용례用例가 중요하다. 글자만 알아서는 잘못된 번역을 할 확률이 매우매우 높다.

그러나 내가 늘 이렇게 하찮은 실력만 선보인 건 아니다. 때로는 위용을 자랑하기도 했다. 덜렁거리지만 가끔 찬찬히 글을 들여다보며 분석하거나 집요하게 자료를 찾아댈 때가 있다. 한번은 꽤 길고 복잡한 문장이 내 발표 범위 안에 들어 있었는데, 차분히 읽다 보니 그리 어렵지 않게 번역이 됐다. 수업 시간에 그 부분을 번역하고 났더니 갑자기 선생님께서 물으셨다.

"자네, 그거 누가 번역해줬나?"

"네? 제가 했는데요?"

"거짓말 말게. 자네 실력에 번역할 수 있는 부분이 아닌데? 누가 도와줬나?"

"아니에요. 제가 했어요."

선배들도 내가 했다고 증언해줬고, 나의 급성장으로 인한 작은 해프닝은 결국 선생님의 '갸웃'과 함께 끝났다. 그리고 얼마 후 번역 시간에 내가 맡은 부분을 번역하면서 거기에 단 주註에 대해 설명했는데, 선생님께서 얼굴색이 바뀌며 물어오셨다.

"자네, 그거 확실한가?"

"예. 책에서 찾았습니다."

그리고 출전을 말씀드렸더니 선생님께서 갑자기 수업 중간에 잠시 휴식하라며 뛰어나가셨다. 내가 맡은 부분이 당시 출간된 선생님 책에 속해 있었는데, 내 번역과 내가 단 주가 맞다면 선생님 번역이 틀렸기 때문이다. 그걸 바로잡으러 나가신 거였다.

번역이란 이렇다. 여전히 내 실력은 선생님과 비교해 한참 뒤지지만, 그렇다고 선생님께서 백 퍼센트 완벽한 번역을 하실 수 있는 게 아니고, 내가 늘 선생님보다 못하기만 한 번역을 하는 것도 아니다. 그래서 번역은 다분히 공동 작업이고, 계속 새롭게 다시 또 다시 진행되어야 하는 작업이다. 중요한 문헌일수록 더 많은 사람이 더 다양하게 더 지속적으로 번역해야 한다. 그래야만 서로 어쩔 수 없이 나오는 부족한 부분을 메울 수 있다. 하나의 책이 한 번의 번역으로 완벽해질 수는 없다. 그건 번역가의 실력이 부족해서만은 아니다. 누구든 긴 글을 읽다 보면 놓치는 부분이 생길 수 있고, 생각하지 못한 역사적, 문화적 배경에 걸려 넘어질 수 있기 때문이다. 툭하면 다 틀렸다는 듯이 너무 노골적이고 거센 지적과 함께 촉발되는 번역 논쟁을 볼 때마다 안타까워지는 것은 바로 이 때문이다.

시간은 흘렀고 나는 성장했다. 콩나물 키울 때 주면 주는 대로 쑥쑥 빠지는 물을 보면 참 허무한데 어느새 콩나물은 자라 있다. 공부가 그런 것 아닌가 싶다. 내가 언제 성장하나 싶지만 멈추지 않고 물을 주다 보면 어느새 어느 만큼 자라 있다. 그것도 생각보다 꽤 많이 성장해 있다.

3학년이 되면 국역실습과 역사문헌 번역실습을 한다. 국역실습은 교수 한 명이 제자 한 명의 번역을 책임지고 지도해서 결과물을 내는 것이고, 역사문헌 번역실습은 고전번역원이 책임지고 번역하고 있는 국고문헌인 《조선왕조실록朝鮮王朝實錄》《승정원일기》《일성록日省錄》 등의 역사 기록물을 번역하는 실습을 해보는 것이다. 상임연구원을 졸업하면 모두 역사문헌에 투입되기 때문에 반드시 필요한 과목이라고 하겠다.

나의 경우 국역실습은 《지낭智囊》으로 했다. 《지낭》은 명나라 때 풍몽룡馮夢龍이란 인물이 상고시대부터 명나라 말기에 이르기까지 제자백가와 역사 기록 중의 좋은 내용, 야사野史에서 얻을 수 있는 교훈까지 총망라해 재미있게 집대성한 책이다. 책 제목도 '지혜주머니'가 아닌가!

다만 명나라 때 글이라 익숙해지기까지 고생을 했다. 한문은 동아시아에서 범국가적으로 사용된 기록문자다. 중국과 한국뿐만 아니라 태국도 베트남도 류큐왕국도 일본도 모두 한문을 사용했다. 그래서 한문을 알면 이들 나라의 옛 기록을 읽을 수 있다. 그러나 언어라는 게 사회성과 역사성을 띠기에 같은 글자를 사용해도 국가별로 그 나라 언어습관의 특성에 맞춰 변하는 법이다. 또 나라가 같다고 해도 시대가 변하면 언어도 따라서 변화하므로 같은 문자라도 나라와 시대에 맞추어 번역하기가 쉽지 않다. 분위기에 익숙해지는 시간이 반드시 필요하다.

이때 그런 느낌을 약간 맛봤달까? 글자가 어려운 건 아닌데 어쩐지 번역이 자꾸 덜그럭거리며 안 되는 느낌이었다. 이게 왜 이럴까 찬찬히 생각하며 원인을 찾아봤더니 그 글의 분위기가 내게 어색했던 거였다. 그간은 주로 선진 시대의 글과 송나라 시대의 글, 아니면 우리나라 문인의 글을 봤기 때문에 명나라 시대의 소설가가 쓴 글이 낯설었던 것이다.

이후 역사문헌을 번역하며 베트남 한문과 일본 한문을 번역할 기회가 이따금 있었다. 그때마다 알긴 알겠는데 운용하는 방식이 익숙하지 않아 고생을 좀 했더랬다. 물론 배경지식이 부족하고 그쪽 지리를 잘 몰라 어려운 점도 있었고 말이다.

역사문헌 번역실습은 처음에는 진짜 재미가 없었다. 나는 강의가 재미없으면 그날 수면시간이 얼마였든 무조건 잠드는 특이

한 버릇이 있다. 언제 이런 습관이 생겼는지 모르겠는데 학생 입장에서 혹은 자리를 지켜야만 하는 피할 수 없는 입장에서, 밖으로 나가진 못하니 시간을 때울 방법으로 나도 모르게 선택하게 된 것 같다. 역사문헌을 배우는 게 왜 재미가 없냐면, 번역에 앞서 알아야 할 문서 양식이나 어휘가 한가득이기 때문이다.

내용을 아는 게 중요할 것 같지만, 내용을 제대로 알려면 그 내용의 무대인 시대와 장소의 특성을 모두 알아야 한다. 그래야 바르게 이해할 수 있다. 임금의 하명下命만 해도 전교, 비망기, 하교, 구전하교, 교서, 교문, 윤음, 돈유, 별유, 유서, 비답, 전지, 유지 등등으로 다르게 쓰인다. 그럼 신하가 왕에게 올리는 상달上達 문서는 한 가지일까? 그럴 리가! 신하의 상달에 사용되는 문서식에는 초기, 계사, 계본, 계목, 장계, 서계, 서목, 별단, 단자, 사목, 절목, 상소, 차자 등이 있다. 상황에 따라 사안에 따라 쓰는 사람에 따라 전부 다른 문서가 사용된다. 그렇다면 문서의 특성을 알아야 이걸 누가 쓴 것인지, 어떤 상황에서 썼는지 곧장 알 수 있는 것이다. 하나의 나라를 제대로 이해하려면 그 나라를 구성하고 있는 제도를 먼저 이해해야 한다. 현대도 그러한데 과거는 더 말할 것 있으랴! 지금은 당연히 알아야 하는 것이라 생각하고 기꺼이 공부하지만 이때는 낯선 데다가 재미는 무지하게 없어서 엄청나게 졸았더랬다.

선생님은 굉장히 열정적이셔서 차라리 수업을 더 했으면 더 했지 1분도 일찍 끝내시는 법이 없었다. 그저 시간을 꾹꾹 눌러 담아 한없이 정확하게 수업을 하셨는데, 줄곧 철이 없던 나는 너무나 지루해 하릴없이 연속으로 졸아댔다. 어찌나 졸았는지 선생님께서는 내가 지병이 있는 줄 아셨단다. 직접 물어보면 상처받을까 봐 쉬는 시간에 내가 자리를 비웠을 때 동기들에게 물으셨다나? 그 얘기를 전해 듣고 진짜 무안해서 다음부터는 절대 졸지 않으리라 결심하고 잠 깨는 사탕을 한 통 사 가지고 들어갔는데, 한두 개 먹는 것으로는 습관이 된 졸음이 떨쳐지지 않아 한 번의 수업 동안 한 통을 다 먹었다. 그런데 그 사탕이 한꺼번에 많이 먹으면 설사를 유발하니 주의하라는 경고 문구가 쓰여 있는 것이어서 수업 후 나는 화장실로 직행해야 했다. 이후로 그 습관을 떨치기 위해 몇 번의 수업 동안 몇 통의 사탕을 먹고 몇 번의 화장실행을 감행했고, 결국 잘못된 습관을 이겨냈다. 그렇게 어찌어찌 졸업반을 무사히 마쳤다.

나는 성장해가는 중입니다

졸업과 동시에 번역위원 자격이 주어졌다. 선생님은 상임 1학년 때 나더러 꼴등이라고 계속 이런 상태면 번역도 못 하게 될 거라고 으름장을 놓으셨지만 난 그때 이미 알고 있었다. 3년을 버티기만 하면 번역의 기회가 주어진다는 것을! 나는 3년을 잘 버텼고, 결국 번역위원이 되었다. 하하하!

배정받은 역사문헌은 《일성록》이었다. 《일성록》은 어떤 책일까? 왕의 일기 형식을 띤 관찬사료이다. 왕의 일기라니까 왕의 개인적인 생활이 기록되어 있어 재미있을 것이라 추측할지 모르겠으나 전혀! 아니다. '관찬사료官撰史料'라는 말에 주목해주길 바란다. 관에서 편찬한 공적인 글인데 개인적인 생활을 담은 일기일 리 없다.

그 유명한 정조 임금은 어린 시절부터 일기를 썼고, 즉위 이후에도 직접 일록日錄을 기록했는데, 이 기록에 대해 재위 5년(1781)에 《논어》에서 증자曾子가 '날마다 세 가지로 자신을 반성한다吾日三省吾身'라고 한 부분에서 뜻을 취하여 '일성록'이라는 명칭을 붙였다. 이것은 일기라기보다는 정무일지라고 보는 게 맞을 것이다. 그래서 실록을 편찬하는 사료로 활용되었다.

그러나 처음 번역하는 내가 이런 것을 어찌 다 알쏘냐? 일단 원문을 받아 와서 책상 앞에 앉았는데……, 앉았는데……, 정말로 막막했다. 이루 뭐라 말로 다 표현할 수 없을 만큼 막막했다. 그동안 번역해본 것은 원문이 길어야 스무 줄 정도 되려나? 하지만 진짜 번역위원이 되자 몇 줄이 아니라 몇십 쪽의 원문이 주어졌다. 내가 이것을 다 번역할 수 있으려나? 보자마자 겁부터 집어먹었다. 그러나 이것도 시역試譯이라고 해서 시험적으로 번역하는 것이라 많은 양이 아니었다. 시역에 통과해서 정식으로 번역위원이 되면 1년에 원고지 몇천 매 단위를 번역해야 한다. 전에 처음으로 직접 번역이란 것을 해본 이후 몇 년 만에 다시 막막함을 느낀 순간이었다.

시역은 정말 쉽지 않았다. 이때야 비로소 역사문헌 국역실습에서 왜 그런 재미없는 각종 제도에 따른 어휘를 가르쳤는지 알게 되었다. 그 시간에 졸았던 것이 못내 아쉬웠다.《일성록》정조 17년 6월 26일부터 30일에 이르는 기사를 시역으로 받아들고 본격적인 번역에 들어갔다.

맨 처음 기사는 영변부 약산의 동대東臺에 설치했다가 없애버린 봉화대를 다시 설치하라고 명한 것이었다. 승지 민태혁이 영변 부사로 있을 때 그곳이 천혜의 요새로서 얼마나 중요한지 알게 되었는데, 병영을 혁파한 뒤로는 봉화대를 설치하지 않아 봉화대가 부족하다며 아뢰는 내용이었다. 그리고 다음 기사는 승지 홍명호가 사진仕進하지 않아서 교체한 내용, 또 그다음 기사는 판부判付에 대압代押하는 일을 신중히 하지 못한 승지 유한녕에 대해 엄히 추고하라는 내용, 또 그다음은 부교리 이석하가 정조의 배다른 형제인 은언군恩彦君 이인李䄄을 언급하는 상소를 올려 정조의 심기를 거스르는 내용, 또 그다음은 장용영의 별무사 가운에 오래 근무한 자를 천전遷轉하는 방식에 관한 내용이 펼쳐졌다.

쉬지 않고 또 다른 내용이 나왔다. 전 청주 목사 이낙배가 군

향태軍餉太를 함부로 사용한 데 대해 조사한 것을 조목별로 아뢰는 내용이 나오더니, 다음에는 암행어사들이 암행 지역을 잘못 다닌 일에 관한 내용이, 또 그다음에는 암행어사들이 암행 후에 보고한 내용을 가지고 수령들의 죄를 다스리고 그들의 해명을 듣는 내용이 이어졌다. 평안 감사 이병모는 강계부를 떠났다가 되돌아와 정착했거나 새로 들어와 살게 된 민호의 수를 일일이 보고하고 있기도 했다.

내가 그동안 만나게 되리라고 한 번도 생각해보지 않은 당시의 세세한 국정 내용이 한꺼번에 쏟아진 것이다. 내가 번역해야 할 시대에 대해 제대로 알고 있는 게 하나도 없다는 걸 깨달았다.

시역의 결과는 처참했다. 노력한다고 했지만 그 옛날 사람이 어느 날 갑자기 지금 이 순간으로 옮겨 와서 신문을 읽는다면 얼마나 이해할 수 있을까? 세종대왕 덕분에 글자는 읽을 수 있겠지만 이해하기는 어려울 것이다. 왕정에서 민주정으로 이행하면서 조선과는 정치행정에 관한 모든 제도가 바뀌었고 그에 따른 용어도 바뀌었다. 잗다란 물건의 이름을 모르거나 갑자기 불쑥불쑥 튀어나오는 외국어 때문에 당황하는 정도가 아니라 그냥 전체적으로 죄다 이해할 수 없는 정도의 혼란을 겪을 것이다.

나도 그랬다. 《일성록》 번역은 한순간 갑자기 타임머신을 타고 18세기 조선으로 날아가는 것과 같았다. 번역하기만도 힘겨운데, 중앙의 관직 인사이동 제도, 군사 제도, 지방행정 제도 등과 그에 따른 사건 사고, 또 그 모든 것을 통한 당시 권력의 힘겨루기 상황을 전부 알아야 했다. 다행히 자문해주시는 선생님이 계셨다. 시역이기 때문에 맡아서 꼼꼼히 봐주셨다. 질문하면 충실하고 자세하게 설명도 해주셨다.

나름 원문을 붙들고 열심히 씨름했다. 결과는 어땠을까? 원고를 내고 며칠 후 나의 자문 선생님이자 평가위원이신 선생님께 전화가 걸려왔다.

"여보세요?"

"아, 임 선생……. 뭐라고 얘길 해야 하지?"

"결과가 안 좋은가요?"

"……네에."

"괜찮아요~ 그럴 거라고 생각했어요!"

"예?"

"선생님도 참! 21세기에 사는 제가 18세기를 어떻게 알겠어요? 모르는 게 당연하죠! 그러니까 괜찮아요. 이제부터 배울 거니까요! 그리고 선생님께서 도와주실 거잖아요, 그쵸? 하하하하! 그럼 이제 재번역 시작하면 되나요?"

"예? 뭐라고요? 하하하!"

결과는 불합격이고 나는 재번역에 당첨되었다. 이 재번역마저 통과하지 못하면 번역위원이 될 수 없었다. 그러나 나는 나의 불합격을 당연하게 받아들였다. 아직 내가 너끈히 첫 번에 합격할 만큼 친숙하게 알고 있는 세계가 아니었기 때문이다. 성장해 가는 거지 이미 성장해 있는 상태가 아니지 않은가? 이제부터 18세기 조선에 익숙해지고 그렇게 조금씩 알아가면 된다는 게 내 생각이었다.

후일 전해 들은 바로는, 그날 내 반응에 사무실 사람들이 한바탕 웃었다고 한다. 평가 결과가 나왔을 때 무슨 말을 어떻게 꺼내야 하나, 실망하고 좌절하면 어떻게 위로해야 하나 걱정하며 전화했는데 이런 반응이라니! 상상도 못 하셨다고, 정작 당사자가 그리 해맑을 줄 몰랐다며 웃기기도 하고 어이없기도 하고, 여하튼 기죽지 않은 것이 다행이라 생각하셨다고 한다.

나는 그렇게 18세기 조선에 조금씩 익숙해져가며 재번역을 통과하고 무사히 한국고전번역원의 번역위원이 되었다. 처음 한문을 만난 순간부터 좌충우돌 이리 부딪히고 저리 부딪히며 여기까지 왔다. 그리고 비로소 전문가로서의 한 발을 내디뎠다.

공부 그 이상의 공부

4장 전문가반

《일성록》 번역 이야기

정식으로 번역위원이 되고 본격적인 번역가의 길을 걷기 시작했다. 한문을 처음 시작했을 때는 한자와 한문 자체를 익히기 위한 공부가 쏟아져서 그 비를 쫄딱 맞으며 고군분투했고, 열심히 전진해서 최고위 과정이라는 상임연구원까지 되었다. 그런데 이 과정을 마치고 나니 새로운 공부가 또 시작되었다.

이번에는 조선 후기 역사와 제도에 관한 공부였다. 온통 새로운 용어를 눈에 닿는 대로 머릿속에 욱여넣고 당시의 사건과 사람들 간의 관계를 이해하기 위해 책과 자료를 뒤지기 시작했다. 그간의 내 시간을 가만 되돌아보면 늦깎이로 한문을 시작한 이래 언제나 공부의 홍수 속에 살아온 것 같다. 아니, 여전히 그 홍수 속에 살고 있다. 내가 소화하는지 못 하는지 아랑곳하지 않고 비는 그저 쏟아진다. 이 길을 선택한 이상 거부라는 선택지는 내게 없다. 아예 처음부터 주어지지 않았다. 즉시 소화되면 좋고, 아니면 잘 뒀다가 다음에 다시 시도하고 또 해서 어떻게든 소화해내야 하는 것이 나의 몫이다. 글자와 문법은 번역의 기본일 뿐, 번역을 하려면 그 글이 탄생한 시대적, 문화적, 정치적, 경제적, 역사적 환경 등 관련 배경을 반드시 알아야만 한다. 이건 달리 누가 가르쳐주지 않는다. 자기가 스스로 찾아 적극적으로 공부해서 해결해야 할 몫이다.

상임연구원의 결과로 번역위원이 되었을 때 지금까지 해온 공부 그 이상의 공부가 나를 기다리고 있으리라고는 미처 생각하지 못했다. 일단 쏟아지는 제도와 용어의 홍수에 정신을 차리기 힘들었다. 번역원 선생님들이 옛 법전 강독을 꾸준히 한다며 나도 나오라고 하기에 '공부는 이제 그만!' 하는 심정으로 좀 생각해보겠다고 완곡하게 거절했는데, 막상 번역에 들어가니 법전의 내용을 모르고는 번역을 잘할 수 없다는 것을 알았다. 법전 강독은 선택이 아니라 필수였다.

흔히 법이라고 하면 우리의 생각은 제일 먼저 '형법'에 가닿는다. 그래서 죄를 규정하고 범죄자를 다루는 내용이 실려 있을 것이라 생각하기 쉽지만 실은 전혀 그렇지 않다. 조선의 법전은 행정법이라 할 수 있다. 조선이란 나라가 어떤 체제를 바탕으로 어떻게 운영되고 있는지를 상세히 정리하고 있는 것이다. 형법은 오히려 《대명률[大明律]》이라고 해서 명나라에서 만든 것을 가져와 우리식으로 조금 변형해서 사용했다. 그러니 조선을 규모 있게 이해하고 싶다면 《경국대전》으로부터 시작하는 각종 법전을 펼쳐야 한다.

번역위원이 된 후 강독에 참여한 법전은 정조대에 만들어진 《전율통보[典律通補]》와 고종 때 완성된 《육전조례[六典條例]》, 그리고 승정원의 규정집인 《은대조례[銀臺條例]》 등이다. 이렇게 서서히 조선을, 특히 정조 임금 시기의 조선을 머리에 담아가기 시작했다.

조선의 역사 중에서도 내게는 특히 정조 임금 시기가 중요했다. 번역위원 이력이 일성록팀에서 시작되었기 때문이다. 앞서 잠깐 설명했지만 《일성록》은 정조 임금에 의해 편찬되기 시작했다. 처음에는 자신이 기록했지만 즉위하고 나서 기록할 내용이 많아지자 정조 7년부터는 규장각 신하인 각신[閣臣]과 검서관[檢書官]

에게 대신 작성하게 했다. 그러다 재위 9년(1785)에는 자신의 세손 시절 일기인 《존현각일기尊賢閣日記》와 즉위 이후 직접 써온 일록, 그리고 《승정원일기》와 여러 관사의 공문서 및 등록謄錄 등에서 주요 기사를 뽑아 자신이 태어난 때인 영조 28년(1752)부터 자신의 재위 8년까지의 내용을 정리해서 편찬하게 했다. 이로 인해 《일성록》 작성은 규장각의 주요 업무 중 하나로 자리 잡게 되었다.

《일성록》 기록 작업은 이후로도 계속 이어져 국권을 강탈당하는 1910년(순종 4)까지 지속되었다. 정조 임금이 주도해서 틀을 잡고 시행한 작업인 만큼 《일성록》은 정조대의 것을 가장 대표적인 것으로 꼽을 수 있다. 덧붙여 한마디 보태자면, 영조대의 대표적 역사 기록물로는 《승정원일기》를 꼽는다. 《승정원일기》는 조선 초부터 계속 기록되어왔는데, 실록처럼 몇 본을 만들어 몇 개 사고에 나눠 보관한 것이 아니어서 몇 번의 전란과 화재로 불에 타 없어졌다. 현재는 인조 원년(1623) 이후 것만 남아 있는데, 그나마도 불에 탄 부분이 많다. 이 중에서 영조대 《승정원일기》는 분량이 전체의 4분의 1을 차지할 정도로 많고 원래의 모습을 비교적 잘 간직하고 있어서 《승정원일기》를 대표한다고 말해도 과언이 아니다.

《승정원일기》와 《일성록》은 둘 다 날짜별로 매일의 기사가 정리된 기록물이어서 함께 거론되는 경우가 많은데, 둘의 가장 큰 차이는 무엇보다 체제에 있다. 《승정원일기》는 현장성이 있는 기사여서 기사가 바뀔 때 '○' 표시만 하고 계속 이어 쓴다. 그래서 이전에 어떤 일이 있었는지 참고하려 할 때 찾아보기 어렵다는 문제가 있다.

반면에 《일성록》은 강목綱目체로 정리되어 있다. 쉽게 말해 강綱은 제목이고 목目은 세부 내용이라고 할 수 있다. 제목을 붙이고 내용을 정리해서 기록하는 방식을 택했기에 아무래도 찾아보기가 훨씬 편하다. 그리고 《승정원일기》는 현장에서 받아 적기 때문에 초서로 기록하는 데 반해 《일성록》은 입직한 검서관이 그날의 각종 문서를 모아 편집해 초본草本을 만들고 각신이 교감하고 정리한다. 그래서 글씨가 훨씬 보기에 깔끔하다.

《일성록》도 《승정원일기》도 매일매일 기록하니 기사가 겹치는 것이 많다. 그래서 번역할 때 둘을 비교·대조하면서 작업해야 했는데, 그날 어떤 일이 있었는가 하는 기사의 내용이야 겹치지만 체제가 다르기에 겹치지 않는 부분도 상당히 많다. (그러니까 둘 다 높은 가치를 인정받는 것이겠지?)

상소나 차자의 경우 《승정원일기》에는 글 전체가 실리지만

《일성록》에는 필요한 주요 내용만 잘라서 수록한다. 상소는 임금에게 올리는 글인 만큼 본론으로 들어가기 전에 앞에 인사치레로 하는 말이 꽤 긴 때가 많은 편인데 《일성록》에는 그런 부분이 전부 생략돼 있는 것이다. 그리고 《승정원일기》에는 실리지 않는 관찰사의 장계(보고서)라든가, 예조의 의주儀註라든가, 의금부와 형조의 살옥안殺獄案이라든가, 상언上言이나 격쟁擊錚의 내용, 사행使行의 문견 별단聞見別單과 같은 각종 별단이 모두 실려 있다. 이런 부분이 번역할 때 참 재미있었다.

그중 아주 재미있는 별단으로 충신·열녀·효자 별단이 있었다. 정조 18년(1794) 7월 16일에 이런 기사가 있다. 먼저 '강'으로 이런 제목이 나온다.

> **예조가 서울과 지방의 효자와 열녀의 실제 행적에 대해 회계回啓하였다.**

그리고 그다음 '목'에 예조가 아뢴 본격적인 내용이 이어진다.

> **서울과 지방의 효자와 열녀로서 경술년(1790, 정조 14)부터 계축년(1793, 정조 17)까지 보고돼온 것이 모두 170명입니다. 정식에**

따라 전 예조판서 민종현이 참판·참의와 함께 모여 상의하여 등급을 나누어서 의정부에 보고하였습니다. 서경署經의 예와 같이 각각 별단으로 기록해두었는데 입계入啓하지는 않고 있었다가 이제 비로소 써서 드립니다.

이후 본격적으로 별단이 이어진다.

○ 충신으로 증직贈職해야 할 자들에 대한 별단은 다음과 같다.
철산鐵山의 노덕남盧德男과 그의 아들 노대영盧大榮이 있는데, 지난 임진왜란(1592, 선조 25)에 왜구가 연이어 주군州郡들을 함락시키고 있었을 때 노덕남이 선발에 응하여 돌격장이 되었다. 병사 100여 명을 거느리고 평양에 도착하여 적을 습격해서 많은 수의 수급首級을 베었고, 적의 진로를 차단하여 서쪽으로 진군하지 못하게 하였다. 이듬해인 계사년(1593, 선조 26)에 명나라 장수 이여송李如松이 평양에 도착했을 때 전봉장前鋒將에 제수되어서는 적의 시퍼런 칼날을 무릅쓰고 좌우로 충돌하고 넘나들며 궁지로 몰아서 이로 인해 적의 기세가 크게 꺾였다. 힘을 떨쳐 적을 섬멸할 때까지 싸우며 대동강大同江 이남까지 이르렀다가 적의 탄환에 맞아 사망하였다. 그의 아들 노대영은 정묘호란(1627, 인조 5) 때

용골성龍骨城에 들어가 의병을 일으켜 적을 토벌하여 적의 머리 수백 급을 베고 반란叛亂을 일으킨 장수將帥를 참수하였으며, 화살과 돌팔매가 날아드는 곳에 서서 전투를 독려하며 진군하다가 어지러이 날아오는 화살에 맞아 사망하였다.

○ 효자로 정려旌閭해야 할 자들에 대한 별단은 다음과 같다.
개성부開城府의 고故 민인民人 박세진朴世珍은, 겨우 10세가 되었을 때 그 아비가 목에 부스럼이 생기는 병에 걸렸는데 여러 해 동안 낫지 않고 깊어져 고질이 되었다. 그러나 집안이 가난하여 약을 구하기가 어려웠다. 하루는 혼자서 깊은 산에 들어가 약초를 캐었는데 어떤 노인이 산에서 나는 과일 한 포를 그에게 주었다. 집에 돌아와서 그것을 아비에게 올리니 그 맛이 아비의 입에 꼭 맞았는데, 이때부터 부스럼이 조금씩 나았다. 항상 남초南草, 담배를 팔아서 아침저녁으로 조촐한 끼니를 올렸고, 병자의 입에 맞는 음식은 반드시 구해 올렸다. 아비가 죽었을 때 그의 나이 14세였는데, 장례가 끝난 뒤에도 아비의 묘 앞에서 울부짖으며 돌아가지 않았으므로 그 어미가 어쩔 수 없이 그를 따라서 묘 앞에 막을 치고 소나무 죽을 끓여 마시며 연명하면서 삼년상을 마쳤다. 그의 어미가 죽었을 때도 부친상을 당했을 때처럼 하여 삼년상을 마친 뒤에 초하루와 보름에 성묘하며 종일토록 울부짖다가 돌아갔다. 이렇게 하다가 그도 죽었는데 지금까지도 그곳은 효자산孝子山이라고 일컬어진다.

이 개성부 효자의 이야기를 시작으로 효자로 보고된 사례가 끝도 없이 이어지다가 다음으로 열녀의 사례가 거론된다.

○ 열녀 가운데 정려旌閭해야 할 대상에 대한 별단은 다음과 같다. 철산鐵山의 고 학생 정덕필鄭德泌의 처 임씨林氏는, 그 남편의 병이 위독해지자 향을 피우고 하늘에 기도하며 자신이 대신 아프게 해달라고 빌었으나 끝내 구하지 못하였다. 성복成服한 뒤에 몰래 간수를 마시고 거의 죽을 뻔하였는데 집안사람들이 급히 구해서 다시 살게 되었다. 그러나 다음 날 다시 스스로 목을 맸는데 이번에는 시어머니가 줄을 풀어 또다시 살게 되었다. 그 뒤로는 음식을 끊고 낮이면 벽을 보고 앉아 태양을 등지고 말하기를, "하늘이 저세상으로 갔으니 내 어찌 차마 빛을 향하겠는가"라고 하고, 밤이면 잠자리에 들지 않고 그 시어미의 젖을 어루만지며 말하기를, "내 지아비가 먹던 것이로다"라고 하며 끌어안고 차마 풀지 못하였다. 이렇게 20일쯤 하니 기운이 점점 쇠해지다가 숨

이 거의 끊어질 지경이 되자 지아비의 형제들에게 말하기를, "저는 이대로 이생과 이별하니 여러 시숙들께서 시부모님을 잘 봉양해주시길 부탁드립니다. 명대로 살다가 죽으니 나는 죽더라도 죄인입니다. 내게 최복衰服을 입혀 장사지내주십시오"라고 하고는 마침내 영궤靈几 옆에서 죽었다. "이 경우는 복호復戶의 은전을 이미 입었으니 그대로 두는 것이 어떻겠습니까?" 하여, 전교하기를, "철산 정덕필의 처 임씨는 조용히 자진하였으니 그 심정을 헤아리면 너무 측은하다. 이미 복호의 은전을 베풀었다고 하여 그냥 두어서는 안 된다. 논하지 않을 부류에 두고 특별히 정문旌門을 세우는 은전을 시행하여 변방의 백성들이 고무되게 하라" 하였다.

이렇듯 충신, 효자, 열녀의 별단은 모든 사례가 다 기록되어 중앙에 보고된다. 이때 번역한 것만 원고지 몇백 장이 넘는다. 모두 한꺼번에 같은 등급으로 치하하는 것이 아니라 사례를 따져서 정려旌閭를 내려주기도 하고, 증직贈職하기도 하며, 복호復戶하기도 하고, 식물食物을 내려주기도 한다. 효자의 사례에는 얼음 깨고 잉어 잡고, 호랑이가 탄복하는 등 지금 보기에 말이 안 되는 내용이 많다.

이런 사례를 보고해 올리고 상을 내려 기리는 것은 조선이라는 나라의 기틀이 충과 효라서 이를 권장하기 위해 하는 것인데, 아무래도 이런 상을 노리고 무리수를 두는 일이 많았다. 그래서 몇 년 뒤에 정조는 말이 안 되는 사례가 많으니 그런 사례는 아예 처음부터 걸러서 보고하지 말라고 명하기도 한다.

열녀의 경우는 지금의 눈으로 보자면 탄복하기보다는 화가 나는 이야기가 상당히 많다. 그러나 당시의 민심을 들여다보고 또 옛날이야기를 듣는 것 같기도 해서 번역할 때 나름 굉장히 재미있었다. 또 아무래도 각 사례가 이야기 같다 보니 이걸 엮어 소설로 만들어보면 어떨까 하는 생각이 저절로 들어 잠시 일손을 놓고 시험 삼아 끄적거려보기도 했다. 본격 역사 기반 소설이랄까. 그렇게 차츰 번역하면서 잠시 딴짓하는 즐거움을 알아가기 시작했다.

이때는 미처 몰랐다. 이런 딴짓이 다른 불똥이 되어 내 삶을 또 다른 장으로 이끌 줄 말이다. 그러나 그건 시간이 더 지난 나중의 일이고, 이때는 역사문헌을 번역하는 게 묻혀 있던 보물을 파내는 것과 같은 작업이라는 생각을 한 정도였다. 새롭게 가공해낼 수 있을지는 모르겠지만 일단 남이 모르는 샘 하나 갖게 된 기분이랄까? 이 샘의 물을 길어다 무엇이 하고 싶은지, 정말 길어내기는 할지 정확히 알지도 못했고 무언가 시도하지도 않았지만 그래도 마음만은 이미 무엇이라도 해내고 무엇이라도 된 양 뿌듯했다.

정말로 꼼꼼한 기록의 민족

《일성록》 별단을 번역하다 보면 자연스레 그 꼼꼼함에 혀를 내두르게 된다. 온갖 것을 다 별단으로 자세히 보고한다. 수원화성이 유네스코 세계문화유산에 등재된 일화는 유명하다. 원래 일제 강점기와 한국전쟁을 거치며 거의 다 망가졌던 것을 복원하고서 유네스코에 연락해서 세계문화유산에 등재하고 싶다고 하니 당연히 거절하는 답이 왔다. 복원한 것은 이제 세계문화유산에 등재될 수 없다고 말이다.

그런데 어떻게 결국 등재될 수 있었을까? 《화성성역의궤華城城役儀軌》 덕분이었다. 여기에 화성을 지을 때 어떻게 지었는지 벽돌 하나하나까지 모든 내용이 너무할 정도로 자세히 기록되어 있어서 이대로만 짓는다면 세계 어느 곳에서도 그 옛날 수원화성과 똑같이 지을 수 있다. 이 놀라운 기록으로 수원화성은 세계문화유산에 등재될 수 있었다. 이렇게 기록에 미친 나라가 조선이었다. 《일성록》을 읽고 있자면 《화성성역의궤》가 얼마나 치밀할지 안 봐도 보이는 듯하다.

다음은 정조 19년(1795) 7월 15일에 비변사가 수원화성의 성역城役에 든 비용 중 직접 획급劃給한 것과 꾸어 온 것, 그리고 도로 갚아야 할 것의 수효에 대해 아뢴 내용이다. 이것을 별단으로 써서 올리면서 임금의 재가를 받아 이대로 거행하도록 화성 본부本府 및 서울과 지방의 각 해당 아문에 통지하면 어떠냐고 여쭈어 윤허받은 것이다. 함께 올린 별단은 다음과 같다. (용어가 낯설 수 있지만 괜찮다. 용어는 하나도 중요하지 않다. 그저 얼마나 꼼꼼하고 세세한지 느낄 수 있으면 된다.)

○ 직접 획급한 것

평안 병영의 2만 냥兩, 관서關西의 소미小米를 작전作錢한 2만 5천

냥, 본부本府 기부記簿의 1만 6천 냥, 각 도各道에서 을묘년에 가분加分한 모조耗條 8천 석石을 돈으로 대신 낸 2만 4천 냥, 영남嶺南 병영의 별별비別別備 2만 냥, 기영箕營의 별별비 2만 냥, 완영完營의 별비別備 1만 5천 냥 등 13만 냥.

○ 꾸어 온 것

장용영壯勇營의 25만 냥, 균역청均役廳의 30만 냥, 어영청御營廳의 4만 냥, 금위영禁衛營의 4만 냥 등 63만 냥으로 직접 획급한 것과 합치면 도합 76만 냥.

○ 도로 갚아야 할 것

1. 장용영의 25만 냥: 5만 냥은 영남 병영의 남창南倉 별비전別備錢을 을묘년에서 갑자년까지 매년 5천 냥씩 10년 기한으로 갚고, 7천 냥은 금위영의 을묘년 반년 동안의 정번전停番錢으로 갚고, 6만 3천 냥은 금위영의 정번전으로 갚되 병진년에서 임술년까지 매년 9천 냥씩 7년을 기한으로 하고, 400냥은 금위영의 계해년 정번전으로 갚고, 7천 냥은 어영청의 을묘년 반년 동안의 정번전으로 갚고, 5만 6천 냥은 어영청의 정번전으로 갚되 병진년에서 계해년까지 매년 7천 냥씩 8년 기한으로 하고, 5천 냥은 통

영統營의 연례年例 별비전으로 갚되 을묘년에서 갑자년까지 매년 500냥씩 10년 기한으로 하고, 1만 8천 냥은 영문營門의 월과미月課米를 돈으로 대신 내게 해서 갚되 병진년에서 경신년까지 매년 3,600냥씩 5년 기한으로 하고, 1만 냥은 선혜청宣惠廳의 별하고전別下庫錢으로 갚되 을묘년에서 갑자년까지 매년 1천 냥씩 10년 기한으로 하고, 5천 냥은 호조 작지색전作紙色錢으로 갚되 을묘년에서 갑자년까지 매년 500냥씩 10년 기한으로 하고, 1만 냥은 기영箕營의 을묘년 별비전으로 갚고, 1만 2,600냥은 기영의 연례 별비전으로 갚되 병진년에서 갑자년까지 매년 1,400냥씩 9년을 기한으로 하고, 6천 냥은 각 도의 을묘년 가분 모조 2천 석을 돈으로 대신 내게 하여 갚음.

2. 균역청의 30만 냥: 10만 냥은 완영完營에서 부채를 상환하는 곡식을 돈으로 대신 내게 하여 갚되 8년 기한으로 하고, 7만 7,400냥은 기영箕營의 연례 별비전으로 갚되 병진년에서 갑자년까지 매년 8,600냥씩 9년 기한으로 하고, 3만 5천 냥은 금위영의 정번전으로 갚되 병진년에서 임술년까지 매년 5천 냥씩 7년 기한으로 하고, 1만 3,600냥은 금위영의 계해년 정번전으로 갚고, 7만 냥은 어영청의 정번전으로 갚되 병진년에서 을축년까지

매년 7천 냥씩 10년 기한으로 하고, 4천 냥은 어영청의 병인년 정번전으로 갚음.

3. 금위영의 4만 냥: 1만 4천 냥은 해영該營의 갑인년 정번전으로 이미 갚았고, 1만 4천 냥은 어영청의 정번전으로 갚되 갑자년에서 을축년까지 매년 7천 냥씩 2년 기한으로 하고, 4천 냥은 어영청의 병인년 정번전으로 갚고, 8천 냥은 어영청의 정묘년 정번전으로 갚음.

4. 어영청의 4만 냥: 1만 4천 냥은 해영의 갑인년 정번전으로 이미 갚았고, 1만 2천 냥은 해영의 정번전으로 갚되 병인년에서 정묘년까지 매년 6천 냥씩 2년 기한으로 하고, 1만 4천 냥은 해영의 무진년 정번전으로 갚음.

보편적으로 옛날은 지금보다 낙후했다고 생각할 때가 많다. 왕정이었으니까 왕이 그냥 성 지으라고 하면 짓고 또 부수라면 부수고 그랬을 것이라고 짐작하기 십상이다. 그러나 그건 큰 오산이다. 이렇게나 꼼꼼했다. 비용을 어떻게 꾸렸는지, 빌린 것을 어떻게 갚을 것인지, 갚을 계획까지 다 세워 보고한다. 조선은 마구잡이로 긁어서 뭐든 하고 싶은 대로 짓고 부술 수 있는 나라가 아니었다.

다음으로 소개할 기사는, 정조 21년(1797) 3월 8일에 전라 감사 서정수가 강진, 해남, 진도의 갑인년(1794, 정조 18)을 전후한 전총田摠의 남고 모자라는 것과 호수의 불어나고 줄어든 것에 대해 급히 장계한 내용이다. 급히 보고한 내용인데도 이 역시 꼼꼼하기 그지없다. 세 지역 중에서 해남의 상황에 대해 보고한 것 중 일부를 살펴보자.

○ 계축년(1793, 정조 17)의 상황은 다음과 같다. 그 당시 경작되고 있던 논밭은 모두 5,574결 6부負 7속束으로, 그 가운데 당해 연도에 재결로 인정받은 것이 160결이다. 실결 5,414결 6부 7속 가운데 밭은 2,317결 48부 5속이고, 논은 3,096결 58부 2속이다. 원호元戶는 6,464호이고, 인구는 2만 983구口로, 그 가운데 남자가 1만 361구이고, 여자가 1만 622구이다.

○ 갑인년(1794)의 상황은 다음과 같다. 그 당시 경작되고 있던 논밭은 모두 5,575결 25부 7속으로 그 가운데 당해 연도에 재결로 인정받은 것이 1,976결 40부 3속이다. 실결 3,598결 85부 4

속 가운데 밭은 2,317결 83부 5속이고, 논은 1,281결 1부 9속이다. 계축년에 비하면 1,815결 21부 3속이 줄어든 것이다. 원호는 6,464호인데, 정처 없이 떠난 민호가 797호이고 대가 끊어진 민호가 575호로, 5,092호가 남았다. 이는 계축년에 비하면 1,372호가 줄어든 것이다. 인구는 1만 5,185구로 그 가운데 남자가 7,551구이고, 여자가 7,634구이다. 이는 계축년에 비하면 5,798구가 줄어든 것이다.

○ 을묘년(1795)의 상황은 다음과 같다. 그 당시 경작되고 있던 논밭은 모두 5,576결 40부 7속으로 그 가운데 당해 연도에 재결로 인정받은 것이 542결 93부 6속이다. 실결 5,033결 47부 1속 가운데 밭은 2,319결 82부 5속이고, 논은 2,713결 64부 6속이다. 이는 계축년(1793, 정조 17)에 비하면 380결 59부 6속이 줄어든 것이고, 갑인년(1794)에 비하면 1,434결 61부 7속이 늘어난 것이다. 원호는 5,092호인데, 그 가운데 정처 없이 떠난 민호가 162호이고, 대가 끊어진 민호가 135호로, 4,795호가 남았다. 여기에 더 들어온 민호는, 정처 없이 떠돌던 민호가 도로 돌아와 사는 경우가 212호, 새로 들어와 거주하게 된 민호가 43호로, 모두 합해 5,050호가 되었다. 이는 계축년에 비하면 1,414호가 줄

어든 것이고, 갑인년에 비하면 42호가 줄어든 것이다. 인구는 1만 4,488구로 그 가운데 남자가 7,231구이고, 여자가 7,257구이다. 이는 계축년에 비하면 6,495구가 줄어든 것이고, 갑인년에 비하면 697구가 줄어든 것이다.

논밭의 수를 정리하되 재결로 인정받은 것의 결수를 밝혀 실결을 확실히 하고, 그것을 다시 논과 밭으로 나누어 보고하며, 가구수와 인구수를 나누어 밝히고 다시 남자와 여자의 수까지 정리한다. 이것을 해마다 정리해서 보고하고 있다. 전라도, 그중에서도 해남이라는 그리 크지 않은 고을에 대해서도 늘 이렇게 정리해서 보고하고 있다면 다른 곳은 어떨까?

번역을 하며 가까이서 만난 조선은 정말로 만만한 나라가 아니었다. 같은 시기 세계 어느 나라가 이런 행정 체계를 갖추고 있었을까? 역사문헌을 번역하면서 우리에게 가장 시급한 것은 역사를 다시 가르치는 것이라는 생각을 하지 않을 수 없었다.

우리는 항상 조선이 결국 일본에 나라를 빼앗겼다는 것만 생각해서 조선 500년의 역사를 깡그리 무시하는 잘못을 종종 범하곤 한다. 결국 망했다는 것 하나만 보는 것이다. 그러나 한 나라가 단일한 왕조로 500년을 버틴 예는 세계적으로 아주 드물

다. 일제강점기를 거치며 일본이 우리에게 너희는 아무것도 아니라고 가스라이팅한 것에서 우리는 아직도 헤어 나오지 못하고 있는 듯하다. 역사는 특히 그렇다.

내가 본 바로 조선은 500년간 이어질 수 있을 만큼 뼈대가 탄탄한 나라였다. 이는 매우 자랑스러운 부분이다. 중앙집권을 아주 잘 이루었으며 왕과 신하의 힘을 효율적으로 나눈 나라였다. 왕조였지만 왕이 독단적으로 할 수 있는 일은 거의 없었다. 왕도 법 위에 있지 못했던 것이다. 그 대신 많은 대화와 토론을 통해 정책을 결정했고, 이 모든 것을 문서로 남겼다. 그래서 위의 사례에서도 볼 수 있지만 되레 오늘날의 우리를 반성하게 하는 현대적이고 합리적인 면모를 갖춘 나라였다. 나의 경우 번역을 하면서 비로소 역사 공부의 가치를 알게 되었다.

내가 만난 정조 1

《일성록》을 번역하다 보니 하루의 반 이상을 18세기 후반의 조선에서 살면서, 무엇보다 정조 임금을 가까이서 들여다보게 되었다. 매일 정조의 치세를 대하다 보니 자연히 그의 여러 면모를 알게 되었다. 정조는 세종대왕에 이어 가장 인기가 많은 임금으로서 드라마와 영화로 끊임없이 되살아나곤 한다. 최근에도 드라마 하나가 정조와 궁녀의 사랑 이야기를 다루며 공전의 히트를 쳤다. 이 드라마를 보던 친구가 내게 물었다. 드라마를 보다 보니까 내가 정조 임금 시기를 오래 번역했다는 게 기억이 났는데 그렇게 정조를 오래 가까이서 접해본 사람은 정조에 대해 어떤 생각을 가지고 있을까 궁금해지더라는 것이다.

결론부터 말하자면 나는 정조를 매우 좋아한다. 그냥 '좋아한다'라는 한마디로 표현이 될까? 너무 좋아한다는 말이 아니라 오래 함께하며 이런저런 모습을 보니 멋있기도 하고 안쓰럽기도 하고 애처롭기도 하고, 그래서 응원하고 싶은 복잡 미묘한 감정을 갖게 되었다는 뜻이다. 나보다 훨씬 오래 훨씬 많이 《일성록》을 번역한 선생님들도 대개 나와 비슷한 마음이신 것으로 알고 있다. 그래서 누가 정조 욕하는 것을 차마 못 듣겠다고 말씀하시곤 했다. 나 역시 그렇다.

역사문헌을 번역하면서 만나는 모든 왕에게 이런 감정을 갖게 되는 건 아니다. 정조는 확실히 좀 특별하다. 그를 둘러싼 환경이 아주 복잡했고, 그런 환경이라면 버티기만도 힘든데, 그 와중에 자기가 만들고 싶은 조선이란 나라에 대한 꿈을 펼치는 것도 포기하지 않았다. 한계도 있었고 부족함도 있었지만, 너무나 치열해서 평가하려는 마음보다는 안쓰러운 마음을 먼저 갖게 되었다. 너무 깊고 복잡하고 치열하게 살았던 사람이기에 그게 예쁜 내용이든 아니든 사랑 이야기로 소비되는 것에 나도 모르게 모종의 거부감을 갖게 된달까?

무엇보다 정조의 통치술은 참 멋지다. 집요하고 교활한 면도 있으며 오랜 시간을 두고 서서히 뜻을 펼쳐가는 것이 실로 감탄스럽다. 정조의 주도면밀함은 그의 복잡한 출신 탓이기도 했다. 영화 〈사도〉로 잘 알려져 있지만 정조는 뒤주에 갇혀 죽은 사도세자의 아들이다. 영조에 이어 왕위에 올랐으니 할아버지의 충忠과 역逆을 그대로 이어받아야 옳지만 그렇게 하자면 자신의 정통성 자체에 문제가 생기는 기이한 상황이 되어버렸다. 이런 딜레마는 정조가 매우 복잡한 정치술을 사용하지 않을 수 없는 처지에 놓이게 했다. 물론 영조는 사도세자의 죽음 이후 곧장 정조를 죽은 사도세자의 형 효장세자孝章世子의 양아들로 입적시켜 이 문제를 법적으로는 해소해놓았지만, 정조가 사도세자의 아들인 것을 모르는 자가 조선 팔도에 있을 리 없었다. 정조는 할아버지를 따르면 아버지에게 죄인이 되고, 아버지를 따르면 할아버지에게 죄인이 되는 기구한 운명에 놓인 채 왕위에 오른 것이다. 이것으로도 부족해 자기 외가와 영조의 총애를 받았던 딸 화완옹주和緩翁主, 그러니까 자기 고모가 즉위를 훼방 놓는 핵심 세력인 상황도 극복해야 했다. 효孝가 최고 미덕인 나라에서 가족이 친 그물을 무리 없이 해체하기 위해 그는 무려 20년을 보냈다. 정조의 즉위 첫마디는 다음과 같았다.

> "아! 과인은 사도세자의 아들이다. 선대왕께서 종통宗統의 중요함을 위하여 나에게 효장세자를 이어받도록 명하셨거니와, 아! 전일에 선대왕께 올린 글에서 '근본을 둘로 하지 않는 것不貳本'에 관한 나의 뜻을 크게 볼 수 있었을 것이다."
>
> -《정조실록正祖實錄》 즉위년 3월 10일(신사)

정조의 이 말을 들은 대신들의 머릿속에는 어떤 계산이 돌아가고 있었을까? 정조는 선왕인 영조에게 깍듯했다. 영조의 노선을 거스르는 어떤 일도 하지 않고, 나라의 근본을 둘로 하지 않을 것임을 분명히 했다. 그러나 그의 첫마디는 자신이 사도세자의 아들임을 공표하는 것이기도 했다. 이 교묘함이 정조가 선택한 정치 방식이었다.

정조는 할아버지 영조가 세워놓은 원칙을 준수하면서 동시에 아버지 사도세자에 대한 추숭도 절대 포기하지 않았다. 이런 모순의 길을 헤쳐나가기 위해 그는 아주 오랜 동안, 아니 평생을 치밀한 계산 속에 살아야 했다. 긴장과 불면은 정조 인생의 동반자였다.

정조는 천천히 움직였고, 아버지 사도세자는 절대 입 밖에 내지 않았다. 사도세자의 죽음에 관련된 이들에게 직접적으로 이 사건을 들어 처벌을 내리는 일은 절대 없었다. 아니나 다를까 그가 즉위하자마자 사도세자를 신원해야 한다는 목소리가 곧바로 튀어나왔다. 그러나 정조는 되레 그들을 모두 처형하면서까지 단호하게 대처했다. 그의 속마음은 당연히 사도세자에 대한 신원 쪽에 있었다. 하지만 그 마음을 드러내 보이기까지 무려 19년이라는 시간을 들였다. 서서히 여러 조건을 준비하고 단계를 밟아 이 일을 수면 위로 올린 때가 바로 재위 19년(1795)이다. 이때 정조는 비로소 선왕 영조가 모든 일이 무함이었음을 깨닫고 사도세자의 효성을 인정하며 자신의 처분을 후회했다는 내용이 담긴 〈금등金縢〉 문서를 공개하고 마침내 사도세자 추숭 의식을 시행했다. 그 유명한 화성 행차가 중요한 이유가 여기에 있다.

정조는 이렇듯 자신에 관련된 문제를 치밀하게 해결해가기 위해 그 누구보다 공부를 많이 한 임금이기도 했다. 조선은 현대의 정치처럼 붕당이 토론과 논쟁을 하며 국정을 운영했다. 사회의 분화와 변모로 붕당에 여러 요소가 끼어들기는 했지만 원론적으로 말하자면 붕당의 힘은 공부로부터 나온다.

영·정조 시기를 탕평정치라고 많이 이야기하는데, 영조와 정조의 탕평은 약간 다르다. 영조대 탕평은 형식적인 면이 있었다. 인재를 중심으로 등용하되 각 당의 인물을 되도록 고루 등용해서 균형을 맞추는 것이다. 그러나 정조는 보다 본격적인 탕평을 시행했다. 의리탕평이라고도 불리는 이것은 각 당 간의 균형보다 옳고 그름을 명확히 해 시비를 가리는 데 중점을 두었다. 정조의 자신감이 엿보이는 부분이다. 이렇게 할 수 있었던 건 그의 높은 학식 덕분이었다.

정조는 군사君師로 자임했다. 군주이면서 동시에 유학자들의 스승이기도 하다는 뜻이다. 어린 시절부터 암살의 위험에 자주 노출되었던 정조는 평생 밤에 제대로 잠을 자지 못했다. 타고난 머리도 좋은 사람이 잠도 자지 않고 책을 읽어댔으니 그 결과가 어떠했겠는가. 정조의 학식은 조선의 그 어떤 학자 못지않았고, 이것이 그를 붕당 위에 선 임금으로 만들어주었다.

정책을 결정하고 국정을 운영하기 위해 여론을 조성하는 데 붕당이 얼마나 중요한 역할을 하는지 정조는 정확히 이해하고 있었고, 그래서 이들을 십분 활용했다. 2009년 세상에 모습을 드러낸 정조의 비밀 편지를 보면 그가 얼마나 노회한 정치가였는지 알 수 있다. 모든 당을 자기 손안에 두고 촉각을 곤두세워 이들의 동향을 살피며 자기가 원하는 정국 구도를 만들어갔다.

다만 정조가 보인 탕평정치의 한계라면, 그것이 탕평을 주도하는 군주의 수준에 너무 많이 좌우된다는 점을 들 수 있다. 붕당의 폐단이 수습되기 전에 정조는 갑작스러운 죽음을 맞이했고, 정조의 손안에서 가까스로 최악을 면하며 균형을 잡고 있던 붕당정치는 결국 일당독재로 흘러 세도정치로 막을 내리게 된다. 나쁜 뿌리를 근절한 후 제도로 정리될 때까지 버티지 못했기 때문이다. 그래서 영·정조 시기를 살피다 보면 오늘날의 정치에 대해서도 많은 생각을 하게 된다.

내가 만난 정조 2

앞에서 말했듯, 정조가 맞이한 환경이 워낙 복잡해서 단순하게 이야기하기는 어렵다. 하지만 이런 상황을 타개해가는 중에도 그는 마음을 다해 백성을 돌보았다. 특히 인상 깊었던 부분은 그가 형사 사건을 다루는 자세였다.

정조 임금이 편찬한 것 중에 《심리록審理錄》이란 책이 있다. 이름만 듣고서 혹시 사람의 마음을 다룬 책인가 여길 수도 있을 것 같다. 사실 나도 처음엔 그랬다. 그런데 여기서 '심리'는 사람의 마음을 뜻하는 심리가 아니고, '사건을 심리하다' 할 때의 그 심리審理이다. 이것은 정조 임금의 사죄판부집死罪判付集이다. 그러니까 정조 임금 시기에 일어났던 살인 사건에 대해 어떻게 판결했는지 담고 있는 형사 사건 재판 판례집인 것이다. 정조가 대리청정을 시작한 때부터 사죄死罪, 사형의 처벌을 받는 데 해당하는 무거운 죄 사건에 관해 직접 내린 판결을 모아놓았는데, 즉위 직후부터 어제御製 편집 작업의 일환으로 추진되어 23년에 편집이 완료되었다.

법제사에서도 빛나는 시기가 바로 정조 임금 시기다. 재위 9년(1785) 9월에 《경국대전》에 이은 두 번째의 통일 법전인 《대전통편大典通編》을 완성해서 행정법을 정비한 업적도 있지만 형법을 정리한 것이 특히 눈에 띈다. 즉위 직후인 1년(1777) 6월에 형구刑具 제도를 바로잡아 규격대로 시행하게 할 목적으로 《흠휼전칙欽恤典則》 제정에 착수하여 완성하고서 이듬해인 2년(1778) 정월부터 이에 따라 시행하게 했고, 5년(1781)에는 역대 형사제도를 집대성한 10권 10책의 《추관지秋官志》를 완성했다. 4년(1790)에는 영조대의 검험법서檢驗法書인 《증수무원록增修無冤錄》을 다시 고증하여 바로잡고 한글로 토를 달고 주석을 붙여 16년(1792) 11월 《증수무원록언해增修無冤錄諺解》를 간행하였다.

그중에서도 《심리록》은 사죄 사건 판례집이라는 것이 특징이다. 이전까지는 없던 형태이기 때문이다. 조선시대에 사죄는 삼복三覆, 초복, 재복, 상복 혹은 삼복을 거쳤다. 현대로 하면 일종의 삼심제이다. 이는 이미 고려 문종文宗 1년(1047)에 제도화되고 그 후 조선시대에도 태종대 그리고 특히 세종대에 밝혀 강조한 이래 역대로 시행되기는 하였으나 실효를 거두지 못하였다. 삼복법에 따른 검험과 심리가 제 궤도에 올라 예외 없이 철저히 행해진 것은 정조대부터였다. 정조는 한 사람이라도 억울한 자가 없도록 각 도에서 올라온 사죄 옥안을 일일이 검토하였으며, 이를 명확하게 밝히고자 최선을 다했다.

《일성록》을 번역하다 보면 형조가 올리는 각 도의 옥안이 계속 나온다. 이것들을 번역할 때 상당히 놀랐는데, 그것이 살인 사건이면 아무리 미천한 사람과 관련한 일일지라도 정조가 대신들과 함께 치열하게 논의한다는 점 때문이었다. 예를 들어보자.

정조 18년(1794) 1월에 경기도 양주楊州에서 서필흥徐弼興 사망 사건이 일어났다. 사건은 이렇다. 서필흥은 김끗손金唜孫이란 사람이 환곡을 빌리고 갚지 않았다며 그의 육촌인 김상필金尙弼을 찾아가서 김상필의 소를 빼앗아 가버린다. 이른바 환곡 등을 내지 못했을 때 친척에게서 그것을 받아가는 족징族徵을 저지른 것이다. 김상필은 분했다. 당연히 분했을 것이다. 그래서 동네 사람인 함봉련咸奉連과 친척인 김대순金大順 등이 모였을 때 사정을 이야기하며 함께 소를 찾으러 가자고 부탁한다. 예상할 수 있겠지만 이들이 곧장 서필흥이 사는 곳으로 쳐들어가자 싸움이 일어났다. 김대순은 그때 서필흥과 함께 왔던 이와 싸우고 함봉련은 서필흥과 싸움이 붙었는데, 서필흥이 먼저 함봉련의 뺨을 올려붙이자 함봉련도 그의 가슴을 발로 차고 옆에 있던 지게자루로 옆구리를 가격한다. 여하튼 이 와중에 김상필은 빼앗긴 소를 찾았는데, 이 난리를 치고 돌아온 뒤 12일이 지나 서필흥이 사망했다.

조선의 법에는 보고 기한保辜期限이라는 게 있다. 남에게 상해를 입혔을 경우 상해를 입힌 자가 의무적으로 치료해주도록 법으로 규정한 기간이다. 이는 또한 살인 사건에서 사망의 실제 원인을 판단하는 중요한 기준으로, 이 기한 안에 사망하면 그 상해 때문에 죽은 것으로 간주한다. 구타의 경우는 이 기한이 20일인데, 12일 만에 서필흥이 죽었으니 함봉련은 자연히 살인의 범인으로 간주되어 옥에 갇히고 만다.

이 사건은 정조 18년(1794) 1월에 옥사가 성립되어 정조 23년(1799) 12월에야 끝을 맺는다. 6년여에 걸쳐 진행된 이 사건에서 정조가 내린 판부(임금이 내린 판결문서)만 해도 열한 번이다. 이 사건에 대해 다산 정약용丁若鏞도 아무래도 의심스러운 점이 있다면서 계사啓辭를 올렸을 정도다.

처음 이 사건에 대해 함봉련과 김상필이 신문을 받으며 공초를 바친 것이 나중에 가서는 번복이 되고 다른 증인도 나와 수사에 혼선이 빚어진다. 처음에는 앞서 말한 것처럼 함봉련이 서필흥을 때려서 죽게 한 것으로 진술이 되는데, 후에 가서는 지씨라는 여인의 증언 등에 의해 때린 사람이 김상필로 지목된다. 함봉련은 자신이 서필흥의 뺨을 때리고 엉덩이를 찼다고 진술을 바꾸고는 이후로 시종일관 억울함을 호소한다. 삼복도 물론 당연히 했는데 직접적인 사인으로 추정되는 것이 가슴 쪽의 가격이었으므로 함봉련을 살인죄로 판결해서는 안 될 것 같다는 의견이 힘을 받았다.

정조는 이에 대해 세 가지를 지적했다. 하나는 논리적인 파악이었다. 족징을 당한 당사자는 김상필이다. 당연히 원한을 품은 사람도 김상필일 테고 함봉련은 그저 옆에서 도와주러 간 것인데, 함봉련이 정범이 되고 김상필이 종범이 되는 것이 말이 되는 일이냐며 의문을 표했다. 분노해서 구타를 해도 김상필이 해야 했다는 것이었다. 두 번째는 환곡의 폐단에 대한 지적이었다. 북한산성의 환곡을 경기 고을로 독촉하러 갔다가 살인 옥사로 발전하게 된 것이 사건의 본질이니, 총융청摠戎廳 환곡의 고질적인 폐단을 막기 위해서라도 정확한 범인을 찾아내 종결해야 한다는 뜻이었다. 그리고 마지막 지적은 검험 보고서에 대한 것이었다. 몸이 물건에 부딪혀 생긴 상흔은 개磕라고 표기하고, 발에 차여 생긴 상흔은 은癮이라고 표기한다. 검험에서는 범행을 저지른 발에 신을 신고 있었는지 여부를 정확히 규정하도록 하고 있는데, 발로 찼든 부딪혔든 혹은 짓이겼든 간에 왜 이번 사건은 실제 사망 원인을 정확하게 적시하지 않고 범범하게 '구타당했다'라는 한마디로 천부당만부당하게 표기해두었냐고 질책하였다.

정조는 이 사건을 다시 경기 관찰사에게 넘겨 세세히 조사하게 하였다. 그리고 경기 관찰사의 보고까지 최종적으로 받고서 함봉련을 처음의 사형에서 감형하여 유배형으로 결론지었다.

이렇듯 임금이 정승들과 열한 번이나 논의하며 형조에 끝을 볼 때까지 캐내라고 명한 것은 평범한 백성의 사건이었다. 이름을 김끗손이라고 한 것만 봐도 그가 얼마나 평범한 사람이었는지 알 수 있다. 형조의 계사에는 이런 평범한 이름을 가진 평범한 사람들의 사건이 숱하게 등장한다.

정조가 재위 기간 중 처리한 사죄에 대한 판부 등은 거의 2천 건으로 추측되는데, 25년여 동안 매월 평균 6~7건의 사죄 사건을 다루고 판부를 내린 셈이다. 다 정리되면 한 번 점검하고 결재

차 봤던 게 아니라 몇 번씩이나 해결될 때까지 다루었다. 결과를 기록한 것도 있고 그러지 않은 것도 있는데 이 과정은《심리록》과《일성록》에 상세히 기록되어 있다. 너무 상세해서 깜짝 놀랄 정도다.

흔히 조선시대에는 양반이 아니면 사람대접도 못 받았다고 여겨지곤 하는데, 이들의 사건을 왕이 직접 다루고 있었다. 최대한 억울함이 없으면서도 최대한 너그럽게 서로를 대하는 세상을 만들기 위해 일일이 살폈다. 요즘도 사법의 정의가 늘 구설수에 올라 유전무죄 무전유죄를 호소하는 사람이 많은데, 자세히 들여다보면 오늘날 우리가 무시하는 조선보다 더 나아진 게 무엇인가 고민하게 되는 지점이 적지 않다.

내가 만난 정조 3

2012년 대한민국은 영리병원 설립을 두고 한참이나 시끄러웠다. 건강마저 돈으로 사고파는 세상을 살아야 하는 것이냐며 도처에서 절망의 한숨이 터져 나왔다. 이뿐만이 아니었다. 당시는 이명박 정부 집권기였는데, 민생을 도외시하고 국부를 잘못된 방향으로 활용하려는 각종 정책으로 인해 하루도 조용할 날이 없었다. 시위와 파업이 꼬리에 꼬리를 물고 이어졌지만, 정부는 이에 대해 지속적으로 강경한 진압을 벌이고 벌금을 부과하며 맞서는 입장을 취했다.

하루의 반 이상을 정조의 국정을 들여다보다가 고개를 들어 내가 살고 있는 시대를 마주하면 어쩐지 답답한 느낌이 들곤 했다. 역사는 대체 어떻게 흐르는 건가 생각하지 않을 수 없었다. 특히 영리병원을 기어이 설립하겠다는 작금의 현실에 모두가 한숨을 내쉴 때 나는 정조 재위 7년(1783)을 지나고 있었는데, 이때 정조는 흉년으로 버려지는 아이들을 살리기 위해 막 《자휼전칙字恤典則》을 반포한 참이었다.

"흉년이 들어 굶주리는 해에 나의 백성 중에 부황이 들어 고생하는 자들은 그 누군들 나라에서 구제해주어야 할 사람이 아니겠는가마는 그중에서도 가장 하소연할 곳 없어 불쌍한 자들은 바로 어린아이들이다. 장정들이야 남의 삯일꾼이라도 되어서 물 긷고 나무라도 해주며 그래도 이럭저럭 살아갈 수 있지만 어린아이들은 이와는 달라서 몸을 가리고 입에 풀칠하는 것도 혼자 힘으로는 할 수 없어 울면서 살려달라고 구걸하지만 의지할 곳이 한 군데도 없는 형편이다.

길가에 버려지는 아이들은 그사이에 무슨 심한 일이 있어서 그렇게 되었는지는 모르겠지만 단순하게 말하자면 부모가 없어서 이러한 지경에 이른 것일 테고, 설령 부모가 있었다 하더라도 추위와 배고픔이 절박해서 둘 다 살아남을 수는 없다고 생각해 인정도 사랑도 끊어버린 채 길거리에 내다놓고서는 누군가 불쌍히 여겨 구제해주기를 바라게 된 것일 테다. 혹시라도 마음 따뜻한 사람이 있어 그 자리에서 거두어 길러주면 진실로 다행이겠지만 그렇지 못해서 시일을 놓치면 곧 아무 죄도 없이 죽게 된다. 아, 천지가 만물을 낳은 뜻이 어찌 진실로 이러하겠는가.

나라에서 활인서活人署와 혜민서惠民署를 설치해둔 것은 죽게 된 사람을 의약醫藥으로 구제하려는 뜻이다. 백성이 질병에 걸려도 오히려 관청을 설치해서 구제하는데 하물며 어린아이들이 구걸하거나 벼려진 경우는 질병에 비해 긴급할 뿐만이 아니지 않겠는가. 송宋나라 때의 광제원廣濟院과 명明나라 때의 육영사育嬰社와 같은 훌륭한 법제法制는 옛날과 지금의 형편이 달라 하루아침에 두루 시행하기는 어렵지만 서울은 팔도의 표준이 되는 곳이니, 남겨진 옛 규범을 대략 모방하여 우선 여기부터 시작하여 차차 본받아 적용해가도록 하는 것이 실로 인정仁政의 첫걸음에 합당할 것이다.

내가 일전에 우연히 생각이 나서 대신大臣들과 의논했더니 모두의 의견이 일치했다. 그러니 어찌 머뭇거릴 필요가 있겠는가.

유사로 하여금 충분히 강구하여 시행해야 할 모든 사항을 절목으로 만들고, 이어 즉시 중앙과 지방에 반포해서 각각 영구히 준행하게 하라. 풍년과 흉년에 따라 규례를 달리 적용하는 것이나 연年과 월月별로 규정을 정하는 것은 세세하게 더 재량하여 구별하고 차등을 두어야 한다. 그리고 친척이 있거나 주인이 있는 아이의 경우 친척이나 주인을 찾아내서 맡길 방법과 자녀가 없거나 동복僮僕이 없는 자의 경우 버려진 아이를 거두어 기르는 것을 허락해주는 법 또한 마땅히 자세하고 극진하게 힘써서 처음부터 끝까지 혜택이 있도록 하라."

그리고 이에 따른 세부 사항을 정했는데, 아이들의 나이는 얼마로 할 건지, 그것도 구걸하는 아이는 몇 살까지를 대상으로 하고 버려진 아이는 몇 살까지 대상으로 할 건지, 구걸의 기준은 어떻게 잡을 건지, 어디서 머물게 할 건지, 음식을 얼마나 줄 건지 등 아주 세세하다. 흥미로웠던 건 아주 어린 아이의 경우 젖을 먹어야 하므로 그 아이를 맡는 여인에게 음식을 대주는 방식을 택한다는 부분이었다.

"버려진 아이를 유양乳養하는 일은, 떠돌아다니며 구걸하는 여인

중에서 젖이 나오는 자를 가려서 1인당 두 아이씩을 나누어 맡기도록 하고, 젖을 주는 여인에게 하루에 1인당 쌀 1승 4홉, 장 3홉, 곽 3립을 계산하여 지급한다. 떠돌아다니며 구걸하는 여인이 아니더라도 만일 자원하여 거두어 기르기를 원하는 사람이 있는데 가난해서 자력으로 살아가지 못하여 젖을 먹이기 어려운 경우는 단지 한 아이만 맡기고 하루에 쌀 1승, 장 2홉, 곽 2립을 계산하여 지급한다."

이렇게 맡기고 나서 혹시나 여인이 지원해주는 음식만 받고 아이를 잘 돌보지 않을까 봐 규제하는 조항을 마련해두는 것도 잊지 않았다.

"구걸하는 아이 및 버려진 아이에게 죽을 먹이고 젖을 먹이는 일은 관에서 검칙하지 않으면 쉽게 유명무실해진다. 매월 말에 진휼청의 낭관이 아이의 살찌고 파리한 여부와 맡은 자의 부지런하고 게으른 여부를 살펴서 제대로 죽을 먹이지 않은 고庫지기와 제대로 젖을 먹이지 않은 여인은 한 사람 한 사람마다 경책警責하도록 한다. 해당 부의 관원이 혹 거두어 보고하는 것을 소홀히 했거나 진휼청의 낭청이 부지런히 유양하지 않았다가 은밀히 사정을 조사하는 때에 적발되는 일이 있으면 진휼청에서 초기草記하여 논죄한다."

정조의 글과 《자휼전칙》의 세부 절목을 번역하고 있자니, 왜 오늘 우리는 고작 여기에 서 있는가 하는 생각이 끊임없이 솟아났다. 공교롭게도 정확히 대조되는 상황이 펼쳐진 두 시대를 동시에 경험하면서 과거와 오늘을 비교하는 일을 습관적으로 하게 된 것 같다.

최근에는 코로나라는 전대미문의 전염병이 전 지구를 강타해 온 나라뿐만 아니라 전 세계가 들썩였다. 우리나라는 세계에서 코로나를 가장 잘 방어하고 관리한 나라로 다른 나라의 부러움을 샀다. 이때 매우 큰 힘이 되어준 것은 국민건강보험이었다. 민영화의 물결이 온 나라를 집어삼키려 했을 때 맥없이 당했더라면 코로나 위기에 어떻게 대응했겠는가!

나라 살림을 운영하는 자가 지녀야 할 가장 중요한 덕목은 바로 인仁, 즉 '사랑'이다. 맹자는 사람이면 누구나 인仁한 마음을 지니고 있다면서 그 근거로 사람은 누구나 불쌍하고 안타까운 장면을 보면 측은히 여기는 마음을 품게 된다고 말했다. 즉 측은지심惻隱之心을 보인다는 말이다. 이 측은지심을 확장하면 모든 이를 품고 모든 이에게 마음으로부터 사랑받는 진짜 지도자가 될 수 있다고 맹자는 말했다.

맹자의 이 말을 달리하면 불쌍하고 안타까운 장면 혹은 그런 일을 겪는 사람을 보고서도 측은한 마음을 품지 못하는 이는 사람이 아니고, 그런 자는 절대 지도가 되어서는 안 된다는 말이 된다. 지금 우리는 고작 조금 부유한 집에서 태어난 것으로 가난한 집 아이들을 기꺼이 무시하는 시대를 살고 있다. 학교에서 그런 문제가 끊임없이 발생해서 뉴스로 보도되지 않던가?

그러나 왕정국가에서 왕세손으로 태어나 왕이 된 이가, 가장 고귀한 곳에서 고귀하게 태어나 지존의 자리에 이른 이가 길가에 버려지는 아이의 아픔에 공감했고, 그런 아이들을 살릴 정책을 만들어 시행했다. 충분히 넉넉한 국가적 부를 달성했는데도 부와 성공을 최고의 가치로 취급하며 약한 이들을 끝없이 궁지로 몰아넣는 오늘의 우리는 오히려 아주 중요한 것을 놓치고 있는 건 아닐까? 이래저래 정조를 번역하며 절로 많은 생각이 드는 것을 어찌할 수 없었다.

조선왕조실록팀으로 옮겨 가다

2011년 일성록팀에 아주 설레는 소식 하나가 들려왔다. 《일성록》이 5·18 민주화운동 기록물과 함께 '유네스코 세계기록유산'에 등재되었다는 소식이었다. 《일성록》을 번역하고 있던 나는 굉장히 뿌듯했다. 내가 왠지 대단한 사람이 된 것 같았고, 하고 있는 일에 대한 보람이 물밀듯 밀려왔다. 기분 좋고 행복했다. 이로써 번역원에서 번역을 진행하고 있는 역사문헌 3종인 《조선왕조실록》《승정원일기》《일성록》이 모두 유네스코가 지정한 세계

기록유산이 되었다. 덧붙여 말하자면, 현재 우리나라 역사 기록물 중 유네스코 세계기록유산에 등재된 것은 《훈민정음》(1997), 《조선왕조실록》(1997), 《불조직지심체요절》(2001), 《승정원일기》(2001), 해인사 대장경판 및 제경판(2007), 조선왕조 《의궤》(2007), 《동의보감》(2009), 《일성록》(2011), 5·18 민주화운동 기록물(2011), 《난중일기》(2013), 새마을운동 기록물(2013), KBS특별생방송 〈이산가족을 찾습니다〉 기록물(2015), 유교책판(2015) 등이다.

목록을 살펴보면 조선시대 기록물이 참 많다. 조선은 유난할 정도로 기록에 목숨을 건 나라였다. 역사의 힘을 믿었기 때문이다. 유교에는 내세가 없다. 내세가 없으면 겁을 줄 무언가가 없기에 사람들의 마음을 붙들어놓기 힘들다. 특히 현재에 힘과 권세가 있는 사람들을 제어할 도구를 갖기 힘들다.

유학은 그 힘을 역사에서 찾았다. 역사 기록은 대대로 전해지는 일종의 영원이다. 즉 '그 영원에 네 이름을 어떻게 써줄까'로 위협한 것이다. 일단 역사에 악명으로 기록되면 그 사람은 영원히 욕을 먹는다. 실제로 그렇지 않은가? 아무리 옛날 사람이라도 기록에 남으면 지금까지도 인구에 회자되면서 평가받는다. 어떻게 해도 여기서 도망갈 수 없다.

자신의 행위가 남김없이 기록되어 후대에 영원히 전해지는 것에 초연할 사람이 있을까? 심지어 조선의 역사관은 춘추필법春秋筆法이라 해서 옳은 것을 분명하게 옳다 하고 그른 것을 분명하게 그르다 하며, 현명한 것을 분명하게 현명하다 하고 어리석은 것을 분명하게 어리석다 기록하는 사관을 따르고 있었다. 그런 사관에 입각해서 기록된 나의 모습이 자손만대까지 전해진다는데 그 어떤 왕이 그러든지 말든지라는 안하무인한 자세를 취할 수 있겠는가?

게다가 《조선왕조실록》의 경우는 왕이 죽은 뒤에 집필했고 후대 왕이 열어볼 수도 없었다. “당신 이름이 어떻게 기록됐을 것 같아?”라는 질문은 왕을 충분히 초조하게 만들 수 있었다. 실제로 뒤를 이어 왕이 된 후손 왕들이 얼마나 실록의 기록을 궁금해했던가? 그러나 그것은 거대한 금기였고, 이 금기는 지켜졌다. 그리고 조선은 왕정을 행한 다른 나라에 비해 확실히 정제되고 이성적이며 합리적인 통치를 행하는 나라일 수 있었다.

이렇게 기록에 목숨을 걸다 보니 남겨진 분량이 상당하다. 다른 나라에서는 《조선왕조실록》의 양을 보고 놀란다지만 훗! 놀라기는 아직 이르다. 앞서도 말했지만 《승정원일기》는 조선 초기부터 기록했으나 전란과 화재로 불에 타서 인조대 것부터 있고, 그것도 불에 타거나 손실된 부분이 적지 않다. 그래도 현재 남아 있는 양이 2억 4,250만 자에 달한다. 단일 기록물로는 세계 최다 분량이다. 《사기史記》부터 시작해서 《청사고淸史稿》까지 중국의 정사正史로 인정받는 역사서 25종을 통합한 25사의 총 분량이 3,000만 자 정도라는 점을 생각하면 《승정원일기》 분량이 얼마나 대단한지 짐작해볼 수 있을 것이다.

이렇게 나라에서는 나라대로 기록했는데, 개인은 또 개인대로 기록을 멈추지 않아서 '유교책판'도 세계기록유산에 등재되지 않았는가? 정말 대단한 기록의 나라다.

나의 경우 이런 대단한 기록물인 《승정원일기》와 《일성록》을 모두 직접 들여다보고 번역에 참여했으니, 참 운이 좋았다고 하겠다. 내 운은 여기서 그치지 않았다. 역사문헌 3종을 모두 다 경험해볼 기회가 온 것이다.

《조선왕조실록》의 기존 1차 번역과 관련한 문제점이 지적되는가 싶더니 현대화사업이 추진되기 시작했다. 《조선왕조실록》은 1968년부터 26년에 걸쳐 번역이 진행되어 1993년에 1차 완역이 마무리되었다. 훌륭하고 멋진 성과이기는 하지만 이제 막 거대한 분량을 자랑하는 역사기록물의 첫 번째 완역을 마친 상태이니 부족한 점이 있을 수밖에 없었다. 1960년대 후반부터 진행된 번역이었으므로 옛날 한문식 어투가 두드러지는 데다가, 당시에는 검색 엔진이 없었으므로 얽히고설킨 사건을 앞뒤로 마냥 찾아볼 수 없어 사건 주석이 미비하고 그에 따른 오역이 생길 수밖에 없었다. 또 여러 용어에 대한 연구가 진행되지 않은 상태였다는 점도 오역을 발생시키는 요소였다. 이렇게 대표적인 역사문헌을 한 번만 번역하고 완벽하게 다 되었다고 말한다면 그 자체로 어불성설일 것이다.

《논어》만 해도 번역책이 이미 엄청난데 지금도 누군가 또 새로 번역을 진행하고 있을 것이다. 연구가 진행되면서 더 정확한 해석이나 새로운 시선이 만들어지기 때문이다. 어느 나라든 대표적인 서적은 모두 그렇다. 한 번의 번역으로 완벽하게 끝나는 책은 없다. 게다가 한 나라의 대표적인 책이라면 숱한 번역이 계속해서 진행되어야 하는 것은 더 말할 나위가 없다.《조선왕조실록》도 예외는 아니다.

어느 해 여름이던가.《조선왕조실록》기번역본을 무작위 추출해서 원문과 대조해서 문제점을 살피는 사업을 진행했다. 그때 조사원으로 뽑혀 원문과 번역문 대조 작업을 하며 어느 정도 수준의 재번역을 요하는지 사전조사 작업을 진행했는데, 그게 곧 재번역사업으로 이어질 줄은 몰랐다. 곧 조선왕조실록팀이 꾸려

지더니 일성록팀의 팀장님이 그리로 옮겨 가게 되었고, 나도 권유를 받아 번역 서종을 바꾸게 되었다. 그러나 그냥 옮긴 것은 아니었다. 사업 초창기라 실록팀은 번역위원이 아니라 전문위원으로 구성했기 때문에 시험을 쳐야 했다. 또 시험이라니…….

여하튼 시험을 쳤고, 일성록팀에서 실록팀으로 옮겨 가게 되었다. 이때 실록팀은 처음으로 실록을 현대화하는 사업을 맡아 결과물을 외부에 공개해서 평가받아야 하는 상황이었으므로 아무래도 신경이 곤두선 상태였다. 실록 중에서 어떤 왕대를 고를까 하다가 팀장님이 오랜 시간 일성록팀을 맡았던 분이기도 하고 《일성록》 번역 작업이 꽤 진행되어 정조대에 관한 자료가 많이 쌓인 상태이기도 해서 《정조실록正祖實錄》으로 시작하게 되었다. 나는 다시 정조 품에 안기게 된 것이다.

다시 정조를 만나게 되었지만 살짝 다른 점이 있다면 이번에는 초기의 정조도 만나게 되었다는 점이었다. 처음 번역위원이 되어 일성록 번역을 시작했을 때 그는 재위 17년을 지나고 있었다. 그러나 이번에는 처음 꾸려진 팀인 만큼 재위 초기의 정조를 다루게 되었다. 또 여러 명이 번역에 참여하는 공동 번역이니만큼 지침이나 어휘를 정리해서 통일할 필요가 있는데 이런 일에도 참여해보게 되었다는 점이 새로웠다. 이를 위해 다른 왕대의 실록을 살피고 어휘 연구도 진행하게 되면서 한층 더 무거운 책임감으로 역사문헌 번역을 대하는 자세를 갖추게 된 것 같다.

번역원에서 번역을 하다 보면 뭐가 이렇게 따지는 게 많고 제약이 많나 생각하게 되는데, 일감을 받아 번역만 하는 입장이 아니라 여러 사람의 번역을 한꺼번에 담아내는 틀을 만드는 입장에 놓여보니 왜 그런 제약을 두는지 이해되는 점이 있었다. 실록팀에 출근하면서는 그간 경험하지 못한 새로운 일을 꽤 해볼 수 있었다. 다른 사람의 번역 원고를 살피는 일이라든가, 새로 들어온 전문위원을 교육하는 일이라든가, 어휘의 용례를 고민하는 일 등이 그랬다.

연일 회의가 이어졌다. 번역 형식을 잡아가는 것도 회의할 일이었고, 새로 번역하는 김에 어휘 사전을 편찬해보자는 의견도 있어 진행하려니 이것도 회의거리였다. 또 《정조실록》만 번역할 것이 아니라 앞으로 실록 전체에 걸쳐 현대화사업을 진행할 것이었으므로 실록의 특수한 부분을 해당 전문가에게 의뢰하는 일도 함께 진행했다. 각종 외교문서와 《세종실록》의 부록으로 있는 《오례五禮》《악보樂譜》《칠정산七政算》이 대표적인데, 이것은 전문 분야이므로 반드시 전문가들이 번역해야만 했다. 한편으로 이렇게 번역된 원고를 받았을 때 번역원에서 그 원고가 어느 수준으로 어떻게 번역되었는지 확인하는 절차도 필요했다. 나는 내가 음악을 하기도 했고 음악 전문가가 가까이 있기도 해서《악보》분야를 맡았다. 물론 내가 했던 음악은 서양음악이라 국악과는 다르므로 공부하는 데 진을 뺐다. 여전히 하루 또 하루 끝없는 공부가 나를 기다렸다.

내가 만난
세종

전문위원으로 2년 일하고 퇴사해서 다시 번역위원이 되었다. 프리랜서가 된 것이다. 그간 몹시 지쳤기 때문에 잠시 일을 쉬었고, 전열을 정비해 다시 번역에 뛰어들었다. 번역을 시작하기에 앞서 번역할 책을 고를 기회가 주어졌다. 나는 《조선왕조실록》에 머무르기로 했다. 《일성록》이나 《승정원일기》는 한 왕대가 너무 길어 한번 어느 왕대를 시작하면 끝날 날이 기약이 없는데, 그에 비해 《조선왕조실록》은 왕대별 기록이 짧은 편이라 여러 왕대를 경험해볼 수 있기 때문이었다. 내게는 이것이 커다란 장점으로 다가왔다.

우리는 '조선'을 '조선'이라는 하나의 나라로 이해하지만 조선은 무려 500년간 이어진 국가였다. 대한민국이 들어선 지 아직 100년도 안 됐는데 얼마나 다사다난하게 지내왔는지 생각해본다면 500년이 얼마나 긴 세월인지 짐작해볼 수 있을 것이다. 조선이 건국되었던 초기의 분위기와 아무리 쇄신과 개혁을 말했더라도 후기의 군주였던 영·정조대의 분위기는 확연히 다를 수밖에 없다.

역사책으로 공부하는 것과 그때의 기록을 지칠 때까지 번역하며 들여다보는 것은 느낌이 확실히 다르다는 걸 경험했으므로 조선왕조도 그렇게 경험해보고 싶었다. 아무래도 번역을 강제하는 외부의 힘이 없는데 스스로 원문을 지치도록 들여다볼 열정까지는 내게 없으므로 직업 찬스를 활용한 것이랄까? 새롭게 나와 인연을 맺은 첫 번째 왕은 무려 세종대왕이었다.

세종대왕 시기를 번역하면서 역사책에서만 만난 유명한 이름들을 직접 마주하니 굉장히 반가운 느낌이었다. 연예인을 만날 때의 기분이랄까? 텔레비전에서 자주 보니까 그 사람은 나를 모르는데 나는 그 사람이 익숙해서 어쩌다 우연히 외부에서 만나면 나도 모르게 손을 흔든다거나 인사하는 실수(?)를 하게 된다. 내적 친밀감이 솟아오르면서 예기치 못한 동작이 튀어나오는 것이다. 황희 정승, 맹사성, 김종서 같은 이름을 만나니 반가운 마음에 손을 흔들 뻔했다. 사실 세종대왕이야 실록에서는 늘 '上상'으로 표현되기 때문에 그분이시라는 걸 굳이 되새기게 되지 않지만 다른 인물은 이름이 나오는 데다 심지어 왕 앞인지라 성을 떼고 이름만 기록하는 경우도 많아서 무척 친하고 가깝게 느껴진다. 역사문헌을 번역할 때는 이런 느낌이 정말 재밌다. '당신은 저를 모르시겠지만 저는 어르신을 진짜 잘 알거든요!' 뭔가 타임머신을 타고 그들 사이에 불쑥 끼어든 것 같은 기분이랄까? 나만 혼자 아는 번역의 즐거움이다.

세종대 번역을 하면서 재미있었던 점은 세종이 조선의 윤리를 세우기 위해 정말 애썼다는 사실을 발견한 것이다. 세종 시기는 조선이 건국된 지 얼마 되지 않은 시점이라 고려의 유풍이 많이 남아 있었다. 남녀 사이에 문란한 사건도 심심찮게 일어났다. 정조 시기를 번역할 때는 전혀 없었던 부분이라 매우 흥미로웠다. 계모繼母와 간통 사건을 벌이기도 하고, 남의 부인이 되었다가 남편이 죽고 과부가 된 사촌 누이와 간통 사건을 벌이기도 하고, 주인집 딸과 간통을 벌이기도 하고……. 《삼강행실도三綱行實圖》를 괜히 펴낸 게 아니었구나 새삼 생각했다.

간통과 관계되는 것 중에 세종대왕을 색다르게 느끼게 만든 사건도 있었다. 세종 11년(1429)에 조유신趙由信이라는 사람이 과거에 급제해서 벼슬에 제수되려는 찰나, 사간원이 그의 집안 내력을 문제 삼는 일이 발생했다. 조유신의 할머니가 거리낌 없이 음욕을 부려 풍속을 더럽힌 죄목으로 무려 두 번이나 귀양 가는 처벌을 받은 전적이 있음을 아뢰면서 풍속을 진작하기 위해 그를 문신 벼슬에 등용해서는 절대 안 된다고 청한 것이다. 그러자 세종이 뭐라고 말했을까? 세종은 이렇게 답했다.

> "음란한 여자의 손자인 줄 미리 알았다면 마땅히 과거에 응시하지 못하게 했어야 한다. 어찌 급제한 뒤에 도리어 벼슬길을 막고자 하는가. 더구나 재주 있는 자를 등용하는 데 있어 어찌 기타의 것을 논하겠는가."

맞는 말 아닌가? 집안에 문제가 있다는 걸 알았으면 미리 말하고 아예 과거에 응시를 못 하게 할 일이지, 기껏 합격시켜놓고 인제 와서 벼슬길을 막겠다는 건 무슨 처사인가? 그리고 재주가 있는데 집안의 허물은 왜 물고 늘어지는 것인가? 세종의 내심이야 모르겠지만 겉으로 드러난 논리는 상당히 흥미로웠다.

세종대가 조선 후기에 비해서 크게 다른 점이 있다면 위로는 여진, 아래로는 일본과 굉장히 자주 소통했다는 점이다. 특히 일본과는 통신사를 자주 교류했는데 일본에서 대장경을 요구하며 선물을 보내는 일이 잦았다. 하지만 또 한편으로는 왜인들이 먹고살 길을 찾아 조선 어업허가증을 위조하거나 새로 조업을 요청하며 소란을 일으키기도 했다.

번역하면서 흥미로웠던 것은 세종 11년(1429)에 일본에 통신사로 다녀온 박서생朴瑞生이란 사람이 본받아 시행했으면 좋겠다고 생각한 것을 정리하여 아뢴 부분이었다. 일본의 수차水車를 보고 우리나라의 수차보다 낫다고 여겨 함께 간 이에게 자세히 살펴보게 해서 모형을 만들어 바치면서 각 고을에 시행하게 할 것을 요구한다든지, 당시 일본에서 화폐 유통이 매우 활발해 여행자들이 달리 짐을 무겁게 가지고 다니지 않아도 되고 쉽게 낡는 다리 보수 문제도 통행세를 받아 쉽게 해결할 수 있다며 편리함을 아뢴다든지, 일본의 저잣거리에서 다락을 만들어 물건을 진열하는 방식이 현재 조선의 방식보다 위생적이니 도입하자고 하는 등의 실용적 관점이 눈에 띄었다. 한편 왜적이 우리나라 사람을 인신매매하는 것에 크게 분노하며, 받은 그대로 원수를 갚는 것은 고금이 모두 정당하게 여기는 바이니 우리 또한 저들을 사다가 천역賤役에 종사시켜야 한다고 주장하는 부분은 지금의 눈으로 보기에는 상당히 무시무시했다.

여진과의 관계도 꽤 복잡했다. 명나라와 조선 사이 지대에 머물면서 이쪽에 귀순하는 것 같다가 또 도망쳐서 저쪽에 하소연하기도 하므로, 무용武勇을 보여 그들이 함부로 움직이지 못하게 하고, 동시에 넉넉한 자세로 품어서 굳이 딴생각할 필요를 느끼지 못하게 만들어야 했다. 김종서가 특히 이 여진을 진무하는 책임을 맡아 변방에 나가 있는 상태였는데, 상당히 강경한 자세로 이들을 대해서 결국 무함巫咸을 받는 처지에 놓이기도 했다.

이렇게 대외관계와 관련된 번역을 하며 조선의 외교관계에 대해 이런저런 생각을 하다 보면 네가 이렇게 세월 좋게 한 가지 생각만 할 때가 아니라는 듯 갑자기 예禮에 대한 번역이 닥쳐오기도 한다. 세종대는 명실상부 조선이란 나라의 모든 뼈대가 정비된 시기였다. 번역을 하다 보면 실제 그 가닥을 마주하게 된다. 세종 11년 4월, 예조에서 대소신료의 가묘家廟 제례祭禮와 관련해 미진한 조건을 정리해 올렸다.

《예기禮記》〈증자문曾子問〉 편에, '종자宗子가 사士이고 서자庶子가

대부大夫이면, 상생上牲으로 종자의 집에서 제사 지내되, 축문祝文에 "효자孝子 아무개는 개자介子 아무개를 위하여 상사常事를 올립니다"라고 하며, 만약 종자가 죄가 있어 다른 나라에서 살고 서자가 대부라면, 제사 지낼 때 축문에 "아무개는 개자 아무개로 하여금 상사를 주장主掌하도록 하였습니다"라고 한다' 하였습니다. 이것은 서자가 비록 대부가 되었더라도 자기는 제사 지낼 수 없고, 종자가 다른 나라에 건너가 있더라도 서자는 종자의 명으로 제사 지내는 것이니, 그 조상을 높이고 종자를 공경하는 것이 이와 같이 엄격하였습니다.

이렇게 정리하며 차자次子가 예를 변경하여 사용하는 경우 등에 대해서도 《경제육전經濟六典》과 《문공가례文公家禮》를 근거 삼아 정리하고 있다.

예禮라는 것이 지금은 의미가 축소되어 잗다란 예의범절을 의미할 뿐이지만 사실 그 의미는 아주 커서 법에 준하는 의미를 갖는다. 그래서 각종 예를 정리한다는 것은 나라의 뼈대를 세운다는 뜻과 같다. 세종대에 예를 정비하는 작업을 활발히 펼쳤던 것은 세종이 조선이란 나라의 뼈대를 구조적이고 튼실하게 만들고 있었다는 의미와 상통한다. 이때 참고한 책들을 살펴보는 것은 그래서 의미가 있다. 가장 기본적인 예서인 《예기》와 조선 최초의 기본 법전인 《경제육전》(다만 이것은 지금은 전하지 않아 일부 남은 기록으로만 파악이 가능하다), 후기에는 잘 보이지 않지만 초기에 의미 있게 활용된 당나라 법제와 국정을 담은 《당회요唐會要》, 그리고 성리학을 집대성한 주희가 일상생활의 예를 모아 편찬한 《문공가례》 등이 그것이다.

이런 번역은 물론 정말 어렵다. 한문을 뒤늦게 시작한 나는 각종 예법에 익숙하지 않아 이런 부분이 나오면 약간 겁을 집어먹게 된다. 이해하지 않으면 번역할 수 없으므로 인용되고 있는 책의 본문을 찾아서 전후 맥락을 살펴야만 한다. 번역 한 줄을 위해 온갖 내용을 뒤지는 경우가 종종 발생하는 것이다. 그러나 조선이라는 나라의 기둥이 세워지고 벽돌이 하나하나 쌓이는 작업에 나도 아주아주 조금은 참여하고 있다는 기분이 살짝 들어 다 마치고 나면 꽤 보람되기도 한다.

역사문헌 번역을 하다 보면 늘 긴장하게 된다. 폭탄이 어디에서 터질지 모르기 때문이다. 국정 운영 전반을 다루기에 지리, 군사, 예법, 외교, 사건 사고, 보건, 지역행정 등 안 나오는 분야가 없다. 당연히 나의 지식은 그것을 다 담고 있지 못하고 있고, 그럴 수도 없다. 그래서 혹 내가 잘 모르는 분야가 나와서 잘 해결하지 못할까 봐 긴장이 된다. 개인이 아무리 노력해도 한계가 있을 수밖에 없으므로 이런 번역에는 여러 사람의 도움이 필요하다. 나보다 나은 분들에게 항상 물어보고 도움을 청해야 한다. 만약 함께 번역하는 여러 선생님들이 없다면 나는 절대로 여기까지 오지 못했을 것이다.

내가 처음 한문을 배운 곳의 이름이 이택재였던 것을 기억할지 모르겠다. 번역의 이런 특성을 생각하면 항상 이곳의 이름과 선생님이 떠오른다. '이택麗澤'이라는 단어 때문이다. 이택은 《주역》의 태괘兌卦에 나오는 단어로 '두 개의 잇닿은 연못'이라는 뜻이다. 이 연못은 겉으로 보기엔 두 개의 연못이지만 서로 잇닿아 있어서 서로 물을 대주어 결코 한쪽만 마르는 일이 없다. 선생님은 나를 가르쳐주면서 한문은 이렇게 해야만 성장할 수 있다고, 그래서 이 공부방의 이름을 이택재라 지었다고 말씀해주셨더랬다. 혼자만 잘해서는 절대 번역을, 한문번역을 제대로 해낼 수 없다. 나는 두 개의 연못 정도가 아니라 숱한 연못과 이어져 겨우 내 몫의 연못물을 유지한다. 세상에 혼자 하는 일은 없다. 혼자만 잘나서 되는 일도 없다. 홀로 책상 앞에 앉아 원문 하나 앞에 두고 파고 또 파는 게 일인 번역도 예외는 아니다.

내가 만난 세조

세조에 대해서는 의견이 분분하다. 쿠데타를 일으켜 숱한 사람을 죽이고 어린 조카를 위협해서 기어이 왕위를 빼앗은 잔인한 방식에 문제를 제기하는 이들도 있고, 그의 치적을 들어 어린 왕이 혼란스럽게 다스리는 것보다 세종대왕의 아들 입장에서 그가 다스리는 게 더 나았다고 항변하는 이들도 있다.

세조 번역분을 받아들고 아직 본격적인 번역에 들어가기 전, 공교롭게도 세조에 관해 질문을 받은 적이 있었다. 내가 그해 해야 하는 번역이 《세조실록》인 줄 모르는 상태에서 그런 질문을 던진 것이다. 내 대답은 무엇이었을까? 나는 아직 모르겠다고 했다. 역사문헌을 직접 번역하며 직접 눈으로 보며 그 세계에 잠시나마 발을 담그기 전까지 그에 '관해' 서술한 책만 읽고 평가하는 게 자칫 경솔할 수 있다는 점을 느꼈기 때문이다. 직접 만나본 그와 그의 시대는 어떨까? 나는 그 질문에 대답할 수 있을까? 그런 생각을 품고 본격적인 번역 작업에 들어갔다.

내가 맡은 부분은 《세조실록》 4년이었다. 세조 4년은 그가 사육신死六臣까지 모두 처단하고 비로소 공신을 책봉해서 책봉 교서를 반포하고 자신의 치세 안정을 즐거워한 해이다. 신하들은 왕에게 바치는 시를 지어 올렸고, 세조는 변려문騈儷文으로 쓴 화려한 책봉 교서를 내려주었다.

변려문은 중국의 육조와 당나라 때 성행한 한문 문체인데, 매우 기교가 넘친다. 형식미 뿜뿜인 것이다. 이 문체는 대구對句를 기본으로 문장을 구성하여 4언구·6언구를 중심으로 4·6:4·6 혹은 4·6:6·4, 4·4:4·4, 4·4:6·6 등 대를 맞추어 써나간다. 일단 글자 수가 쌍으로 맞아야 하고, 내용도 형식도 대를 이루어야 한다. 형식에 꽉 갇힌 채 자신이 원하는 말을 그 안에 다 풀어낼 수 있어야 하는 것이다. 기교의 끝판왕이라서 물론 번역도 까다

롭다. 아주 중요한 국가 행사 때 올리는 글이나 중국과의 외교문서에 주로 사용한다.

세조는 이렇게 으리으리한 행사를 해서 기록에 남기고 더욱 자신 있는 행보를 보였다. 일단 공신에 대해서는 뭐든지 무사통과였다. 그가 왕이 될 수 있게 도운 존재들이기 때문에 엄청나게 싸고돈 것이다. 세조 4년(1458) 6월 말에 공신 책봉 교서를 내렸는데, 그다음 달인 7월에 사헌부가 공신 홍윤성洪允成을 탄핵하는 일이 발생했다. 홍윤성이 고故 호군護軍 김한金汗의 딸을 간통하려고 7월 7일에 김한의 집에 억지로 묵자 김한의 아내가 그 딸을 데리고 이웃집으로 도망쳐서 숨은 일이 있었다. 심지어 이때 홍윤성은 어머니 상중인 상태였다. 처음에 이 탄핵을 듣고 세조는 홍윤성을 파직하고 의금부에 내려 국문하라고 한다. 그러나 바로 그다음 날 경회루에서 열린 활쏘기 뒤풀이 술자리에 홍윤성을 부르고는 김한의 집에 쳐들어간 사건에 대해 물어본다. 홍윤성이 뭐라고 답했을까?

"신이 술에 취하여 잘못 들어간 것뿐입니다. 나머지는 신이 한 일이 아닙니다."

그러자 세조는 곧바로 의금부에 전지傳旨를 내려 홍윤성을 추궁하지 말라고 한다. 그러나 이 사건은 작은 사건이 아니다. 일단 사헌부가 들고나왔으며, 본래 조선에서 가장 무겁게 다루는 강상죄綱常罪에 해당한다. 즉 아무 일도 없던 것처럼 스르륵 덮을 수 없다는 말이다. 그래서 세조는 되레 김한의 아들과 처남을 국문해 공신을 무함하려 했다는 죄를 뒤집어씌우고 사형을 받게 한다. 하지만 세조의 부인인 정혜왕후가 언문으로 말려 유배로 최종 처리된다.

이 사건에서 세조는 계속 홍윤성의 일을 무마하려 하였으나 사헌부가 문제를 계속 제기하자 사헌부를 나무란다. 싼 종이를 사용하라고 그렇게 일렀는데 여전히 비싼 것을 사용해 돈을 낭비한다고 탓하고, 근거도 없는 일로 공신을 물고 늘어진다며 이 문제를 계속 지적한 사헌부 지평持平을 파직해버리기도 한다. 그러고는 측근인 신숙주와 황수신과 한명회와 함께한 자리에서 사헌부 지평을 파직하지 않았더라면 홍윤성은 무사하지 못했을 것이라고 말한다. (실록은 이런 것까지 다 기록해놓는다.)

또한 잘 알려져 있다시피 조선의 왕은 완전히 공인公人이다. 사私가 없는 존재인 것이다. 그래서 언제나 사관을 대동하고 다닌다. 그러나 세조는 이것을 가뿐히 어긴다. 가을날 저물녘에 주상이 사정전思政殿에 나아가 이조판서 한명회, 중추원사 박강, 동지중추원사 심결, 행 상호군 김수온, 좌승지 윤자운, 좌부승지 권지를 불러서 일을 논의하더니 이어 술자리를 베풀고는 주서와 사관에게 이렇게 말했다.

"중궁은 조강지처糟糠之妻이고 나를 모시고 앉은 이들은 모두 옛 친구들이니, 지금 이들을 대내大內로 데리고 들어가서 옛정을 펴게 하고자 한다. 다만 내 뒤를 잇는 임금은 나를 본받아서는 안 되니 내가 하는 행동이 좋고 나쁜 것을 모두 써서 후세가 비춰볼 거울이 되게 할 것이다. 그대들은 작질이 낮아서 따라 들어올 수 없으니 내사內事를 비밀로 삼아서 그런 것이 아니다. 승지들이 모두 춘추관의 직임을 띠고 있으니 쓸 만한 일이 있으면 그들이 어련히 알아서 쓸 것이다."

이게 무슨 말도 안 되는 소린가? 그러나 세조는 했고, 실록은 그걸 기록해두었다.

이뿐만이 아니다. 세조의 한명회 사랑은 그야말로 대단하다. 진휼사로 갔던 한명회가 복명하니 주상이 술자리를 베풀어 위로하는 자리에서 하삼도충청, 전라, 경상도의 일을 이것저것 물었고, 한명회가 대답하였다. 그 대답이 꽤 자세했던 모양이다. 세조가 입시한 종친과 대신들에게 한명회를 칭찬해 마지않았다.

"한 공韓公은 맡은 바 임무를 이렇게 잘 수행하였으니 훌륭한 사람 중에서도 그 경지가 최고봉이다. 경들이 어떻게 해볼 수 있는 수준이 아니다."

그러면서 한명회에게 술을 내려주고, 또 한명회에게 술을 올리게 하더니 세조가 갑자기 용상에서 내려와서 이렇게 말했다.

"내가 마지못해 이 용상에 앉아 있는 것이다."

당연히 한명회는 뜰로 내려가서 무릎을 꿇고 사양했다. 그러자 세조가 되레 한명회를 말렸다.

"망령되구나, 한 판서韓判書여! 속히 전殿으로 올라오라."

이게 무슨 일인가! 세조는 직접적으로 편애를 드러내는 유형이었다. 이것이 과연 최고 권력자에게 적합한 자세일까?

단종이 어려서 왕이 되어 문제가 있었다고 하지만, 세조의 아들로 왕위를 이은 예종이 즉위하고 1년 2개월 만에 죽은 까닭에 결국 성종이 왕위를 이었다. 이때 성종의 나이는 불과 13세였다. 단종이 12세에 왕이 되었는데, 성종은 13세에 왕이 되었으니, 거기서 거기였던 셈이다. 성종은 세조의 비인 정혜왕후의 수렴청정 아래 7년이나 있어야 했다.

단종을 도왔던 신하인 김종서와 황보인 등이 어린 왕 위에서 권력을 멋대로 휘둘렀다는 것이 세조가 계유정난을 일으킨 명분이었는데, 그래도 이들은 세종대왕이 정당하게 키운 신하였다. 그러나 성종을 도운 신하는 세조를 왕으로 만들어 끝도 없는 권력을 누렸던 한명회를 위시한 공신들이었다. 이들은 원상院相제를 만들어 성종 7년(1476)까지 존속하며 9년간 나라를 좌지우지했다. 정말이지 조금도 더 나을 게 없었다. 단종이 어리다는 점이 불안했으면 삼촌으로서 잘 도우면 되지 않았을까? 세조는 아버지 세종을 사랑했지만 아버지가 만들어놓은 나라의 기틀을 제 손으로 휘청이게 만들고 말았다. 공신의 전횡으로 이후 조선에 깊은 그림자를 드리우게 되었으니 말이다.

지금 우리는 사육신이 대개 세종의 신하로서 소년 왕을 지키려던 무리라고 생각하는데, 직접 그 시대를 번역해보니 사육신이 왜 죽음으로까지 저항했는지 조금은 이해가 되었다. 그들은 세종에 대한 충忠을 지킨 게 아니라 조선의 현재와 미래를 건강하게 할 옳음에 대한 충忠을 지킨 것이었다.

역사는 어떻게 흐르는가

5장 다시 새로운 길

번역의 어려움
혹은 즐거움

역사문헌을 번역하니 역사와 가까워지고 역사에 대해 할 말이 많아지는 것은 일견 당연한 노릇이다. 그런데 직접 번역을 해보니, 번역하면서 가까이 다가서는 역사는, 역사를 좋아해서 역사 관련 책을 많이 읽으면서 만나는 역사와는 또 다른 느낌이었다. 아마도 '번역'이라는 특수한 상황 때문일 것이다. 글자에 코를 박고 아주 가까이에서 그 시기와 씨름해야 하는 사람이 누리는 특권일지도 모르겠다.

한문은 지금은 쓰이지 않는 옛날 글이다. 그 옛날 글로 이미 지나가버린 시대가 기록되어 있다. 현대를 이야기하는 글도 서로 언어가 달라 번역을 해야 하는 상황에서는 꼭 오역이 발생하는데 이미 지나가버린 시대를 지금은 쓰지 않는 글자로 기록해두고 있으니 오죽하겠는가? 모든 언어가 안으로 깊이 들어가면 다 어렵지만 한문은 한문만의 독특한 어려움이 있다. 한문을 배우면서 세종대왕이 얼마나 위대한지 정말 절절하게 느꼈다. 사실 한문은 배우기에 매우 비효율적인 글자다.

일단 한문은 정해진 문법이 없다. 현대어는 어떤 언어든 확실한 문법이 있고 그 안에서만 활용되는데, 한문에는 그 문법이 없는 것이다. 물론 아예 없지는 않다. 다만 외형적으로 이것이 문법이고 정확히 이 체계로 문장이 쓰인다고 말할 수 있는, 겉으로 드러난 문법이 없다. 그래서 앞서도 말했지만 아주 기초가 되는, 이를테면 사서四書를 달달 외우면서 그 안에 내재된 문법을 체화해가는 방식으로 이 언어를 익히는 것이다.

또 문장부호가 전혀 없고 띄어쓰기도 없다. 죽죽 내리닫이로 글자만 있는 것이 한문이다. 체화한 문법으로 내리 글자만 있는 글을 보면서 그 안에 숨겨진 띄어쓰기도 찾고 문장부호도 찾으며 글을 읽어나가야 하니 당연히 학습 시간이 아주 많이 필요할 수밖에 없다. 책 한 권 뗐다고 한문을 볼 수 있는 게 아니라는 말이다. 게다가 그 주된 학습 방법을 암기로 설정해서인지 한문에는 옛글 인용이 엄청 많다. 동시에 문장부호가 전혀 없으니 글자만 봐서는 이게 인용인지 아닌지 구분되지 않는다. 더욱 결정적인 난감함은 그 인용을 있는 그대로 하지 않고 축약해버린다는 데 있다. 긴 글 한 편도 상징적인 몇 글자로 줄여버린다. 심지어 사람 이름도 성만 써놓은 걸 보고 그 사람인 줄 알아차려야 할 때가 많다. 그래서 제법 내공이 쌓여야만 이게 인용인지, 지명인지, 인명인지 감을 잡을 수 있다.

예를 들어 1784년(정조 8) 8월 2일에 정조는 문효세자를 세자로 책봉하면서 책봉 교명문과 죽책문을 내리는데, 여기에 '海潤星輝해윤성휘'란 표현이 등장한다. 글자 그대로 하면 '바다처럼 젖어들고 별처럼 빛나서'라고 할 수 있는데, 이렇게 번역하면 바다가 젖어든다고 해도 바다가 윤이 난다고 해도 어딘지 이상하다. 그러면 대개 인용된 원문이 있는 경우라고 짐작할 수 있다.

이 표현은 한漢나라 명제明帝가 태자로 있을 때 악인樂人이 "해는 거듭 빛나고 달은 거듭 차며 별은 거듭 반짝이고 바다는 거듭 윤이 난다日重光, 月重輪, 星重輝, 海重潤"라는 4장의 시가詩歌를 지어 태자의 성대한 덕을 찬양한 데서 나왔다. 지금은 원자를 왕세자로 책봉하는 때이므로 세자가 그 덕을 함양해가기를 기대하여 이 시가를 인용한 것이다. 그러므로 '너의 덕으로 바다는 거듭 윤이 나고 별은 거듭 반짝이게 되어'라고 번역하고 위의 인용구 주석을 달아주면 독자의 이해를 도울 수 있다.

또 같은 해 7월 7일에는 세자 책봉의 경사를 기념해서 자손들에게 편안한 내일을 물려줄 계책에 대한 윤음을 내리는데, 여기에는 '武亂무란'이라는 표현이 나온다. 무武와 란亂이 붙어 있으면 이상한 표현이 아닐 것 같다. 무기 혹은 힘과 어지러움이나 혼란함이 짝을 이루는 것은 어색한 조합이 아닌 것 같기 때문이다. 그러나 이것은 《예기》〈악기樂記〉에서 인용한 것으로 '무武'는 음악과 그에 딸린 춤 이름이다. 그리고 '란亂'은 '끝내다'라는 뜻이다. 그러니까 글자로 예상할 수 있는 뜻이 전혀 아닌 것이다.

본문에 나오는 '武亂皆坐之治무란개좌지치'는 〈악기〉에서 무왕武王이 은殷나라를 치고 주周나라를 세운 이후 주공周公과 소공召公이 살벌한 무武의 기운을 종식하고 문치文治를 펼친 것까지의 내용을 다룬 일련의 춤 중 마지막으로 주공과 소공의 문치를 드러내는 춤에 대한 내용을 줄여 인용한 것이다. 즉 정조는 다툼으로는 나라의 안정을 꾀할 수 없다는 자신의 주장을 이어가기 위해, 주나라 건국은 문왕으로부터 시작되어 무왕이 완성한 무공武功이었으나 이후 펼쳐진 주공과 소공의 문치로 나라가 편안해져 강건한 국가가 되었음을 말하고 있다.

이런 것을 볼 때 '아, 이건 인용이구나!'라고 아는 게 내공이다. 인용 빈도가 매우 낮은 구절이니 누가 쉽사리 알아챌 수 있겠는가? 나도 하필 이런 구절이 내가 맡은 부분에서 나오는 바람에 하루 종일 고생했다. 《예기》를 공부하긴 했으나 내용도 가물가물한 마당에 어떻게 글자까지 기억나겠는가? 그래도 인용 빈도가 높은 구절은 이게 인용이겠구나 눈치채면 검색해서 원전을 찾을 수 있는데, 이처럼 인용 빈도 자체가 낮은 구절이 어쩐지 그럭저럭 해석될 것 같은 형태로 나오면 정말 고생을 하게 된다.

또 인용된 원전을 찾았다고 해도 그것을 그대로 해석할 것인지 문맥에 맞추어 의역할 것인지에 대한 고민이 여전히 남는다. 읽는 사람 편의를 생각하면 주석이 되도록 적은 게 좋지만 이걸 찾느라 고생한 나의 시간과 원래의 뜻을 보다 온전히 알기를 원하는 독자를 생각하면 주석으로 출전을 다 달아주는 게 낫겠다 싶기 때문이다. 이건 온전히 번역가의 몫이다.

사실 번역은 늘 고민의 연속이다. 번역에는 직역과 의역이 있다. 직역만 할 수도 없고 의역만 할 수도 없다. 원저자의 의도와 읽는 이의 편의성을 고려해서 적절히 조절해야 하는데, 이 조절을 누가 규정해놓은 것이 아니어서 번역가는 늘 홀로 고민해야 한다. 특히 원전이 있는 인용의 경우는 고민이 많이 된다. 이것에 대해서는 여전히 나 자신도 딱 떨어지는 답은 찾지 못했다. 저자의 의도, 글 전체의 분위기, 독자의 편의성과 주의 환기 사이의 긴장, 이 모든 요소를 놓고 매번 새롭게 고민할 수밖에.

한편, 이렇게 인용으로 빚어지는 어려움이 있는가 하면 용어 자체가 낯설어서 겪는 어려움도 있다. 예를 들어, 세조 4년(1458) 6월 기사에 '以壁爲堡이벽위보'라는 표현이 나온다. '벽으로 보를 만들다'라는 말이다. 병조가 평안도 자성군의 상봉포와 하봉포 등의 방어 계책에 대해 아뢰는 내용에 나오니, 보堡라는 것이 방어를 위한 작은 요새를 의미한다는 것은 쉽게 알 수 있다. 그런데 대체 벽으로 보를 만드는 건 뭐지?

처음에는 절벽을 이용해서 그걸 보로 만든다는 뜻이 아닐까 싶었다. 물론 글자 그대로 벽을 보로 만든다고만 번역해도 된다. 친절한 번역이 아닐 뿐이다. 물어물어 도움을 받아 결국 답을 찾게 되었다. 이것은 '소나무를 세운 뒤 안팎에 진흙을 발라서 벽처럼 만든 보'를 가리키는 말로, 위의 본문처럼 굳이 풀어써서 나오지 않고 '壁堡벽보'라고 되어 있다면 단어로 쓰는 게 맞는 용례이다. 벽보가 저런 뜻이라는 것은 《중종실록中宗實錄》에 나온다.

또 이런 경우도 있었다. 위의 예와 같은 해인 세조 4년 12월에 충청도 제천 사람 박효선이 군사와 조정 등 10여 조목에 대해 진언한 기사가 있었는데, 여기서 '신백정新白丁'이란 표현이 나왔다. 처음에는 별생각 없이 '새로 백정이 된 자'일 것이라고 봤는데, 문장 안에 이전의 직업을 밝히지도 않았는데 굳이 '신新' 자를 왜 붙였을까 하는 궁금증이 들었다. '군사軍士와 조정助丁과 신백정新白丁들로서 도적질한 자들이 숨어 있는 곳'이라는 구절에 나오고 있으니 그냥 '백정'이라고만 해도 전혀 상관없는데 말이다.

조금이라도 이상하면 찾아보아야 한다. 역시 이것도 풀어쓰지 말고 그냥 '신백정'이라고 써야 했다. 원래 조선시대에 도살이나 유기柳器 제조 등을 하며 집단 생활을 하던 천민층을 일시적으로 부르던 용어였다. 고려에서는 일반 농민층을 직역職役이 없다는 의미에서 백정白丁이라 했는데, 조선이 들어서면서 위와 같은 뜻으로 용어를 바꾸었다. 그래서 조선 초기에는 고려시대의 백정과 구분하기 위해 이 계층에 '신백정'이라는 용어를 붙여 사용했던 것이다.

이렇듯 옛날 사회에 대한 폭넓은 지식이 필요하고, 이와 더불어 한문에 대한 감을 항상 예리하게 갈고닦아야 하는 것이 역사 문헌 번역이다. 많이 찾아보고 많이 공부해야 한다. 용어 때문에 숨이 막혔던 사례야 더 말해 무엇 하며, 인용의 원전을 찾으려고 고생한 시간이야 더 말해 무엇 하리! 그러나 한문을 번역하는 다른 많은 분이 지금도 그렇게 수고하고 계시다는 것을 생각하면 여기에 징징거리듯 하소연하며 나 혼자 대단한 일을 하고 있는 것처럼 말하는 게 조금 부끄러워진다.

우연히 시작된 작가의 길

책을 쓰게 된 것은 정말 우연한 일이었다. 진짜로 작가가 될 마음은, 혹은 그런 꿈은 전혀 없었으니까. 우연한 기회에 페이스북이란 것을 시작하게 되었다. 글 쓰며 소통하는 공간이라기에 남도 쓰니까 나도 안 쓸 수는 없어 뭔가를 조금 쓰기 시작했다. 친구 신청이 들어오며 페친(페북 친구)들이 생기기 시작했고, 페친이 생기다 보니 글도 좀 더 성실하게 쓰게 되었다. 내 글을 보러 오는 사람들이 있으니까 아무래도 신경 써서 쓰게 되었달까?

그렇게 친구가 늘어나고 내 글이 늘어나던 어느 날이었다. 대체로 잠을 아주 잘 자는 편인데 그날따라 잠이 안 왔다. 불면의 밤이었던 것이다. 아무리 뒤척여도 잠이 들지 않기에 뭘 할까 생각하다가 노트북을 켜고 페북에 들어가 글을 쓰기 시작했다. 잠 안 오는 밤에 심각한 이야기는 어울리지 않고 내 첫사랑 이야기나 쓰자 싶었다.

신나게 첫사랑 이야기를 써 내려갔다. 그런데 이게 웬일인가? 반응이 엄청 좋았다. 사람들이 기대하기에 몇 편 더 썼는데, 페친이 되어 밖에서도 만나던 어떤 친구가 내게 기왕 한문을 하니까 한문 내용과 연결해 글을 써보면 어떠냐고 권했다. 생각해보니 꽤 괜찮겠다 싶었다. “그래? 좋겠다! 한번 해보지 뭐!” 그렇게 가벼운 마음으로 내 좌충우돌 인생 이야기에 내가 배운 한문 내용을 덧붙여 글을 한 편 올려보았다. 반응은 실로 폭발적이었다.

이것이 계기가 되어 이후 몇 권의 책을 내게 되었다. 그중 대부분이 정통 한문번역과는 다른 새로운 방식의 책이었다. 아마도 내가 한문과 관련된 대학의 계보, 그러니까 학계 출신이 아니기 때문에 가능한 시도였던 것 같다. 아웃사이더는 이럴 때 편하다. 나를 내리누르는 혹은 내가 눈치를 봐야 하는 권위에서 상대적으로 자유롭기 때문이다.

살아보니 모든 일에는 빛이 있으면 그늘이 있고, 장점이 있으면 단점이 있는 것 같다. 이 계통에서 출발하지 않은 데다가 너무 늦게 시작했고, 또 수업 시간엔 늘 뒷자리에서 선생님들의 눈을 피하며 공부했고, 굳이 학위의 필요성 때문에 석박사 과정을 하지는 말자고 마음먹었기에 한문을 시작하고 번역가가 되기까지 나에겐 그 어떤 줄도 없었다. 이것이 때로 답답하게 느껴져서 어딘가 나도 남들 가는 대로 따라가야 하지 않을까 고민도 되었지만, 생각해보면 이런 동떨어진 위치에 있었기에 남과 다른 새로운 시각으로 고전 해석의 저변을 넓힐 수 있었다.

그중 《논어》 번역 작업이 특히 그랬다. 아무도 내가 어떤 일을 하고 있는지 모르니 《논어》를 완전한 현대 구어로 번역하는 작업에 눈치를 줄 권위자가 없었다. 《논어》를 현대 구어로 번역한다는 것은, 사실 《논어》가 가진 위상 탓에 쉽지 않은 일이다. 성인聖人으로 인정받는 공자이므로 그에게 덧씌워진 권위란 엄청날 수밖에 없다. 당연히 공자의 글은 경건한 어투로 번역되게 마련이다. 그런데 완전한 현대 구어로 번역하면 경건하고 단정한 느낌이 상당 부분 사라지게 된다. 반면에 인간 공자의 모습은 새롭게 혹은 크게 부각될 수 있다.

그런데 막상 작업에 들어가 내용을 누구나 다 이해할 수 있도록 번역하자니 그동안 별생각 없이 사용했던 《논어》의 개념어들이 나를 괴롭히기 시작했다. 인仁이니, 의義니, 예禮니, 군자君子니, 소인小人이니 하는 용어는 정말이지 《논어》에 숱하게 나오는 개념어다. 많이 들어봤고 익숙하지만 정확히 무슨 뜻일까 생각해 보면 답하기가 쉽지 않다. 이런 개념어들이 하나둘 쌓이고 쌓이면 책 전체 내용이 정확히 손에 잡히지 않게 된다.

그래서 쉽게 풀어내자 생각한 건데, 의도는 좋았으나 정말로 많은 노력을 필요로 하는 힘겨운 작업이었다. 새롭다고 해서 근거를 잃으면 안 되고, 바른 번역의 무게가 그 안에 녹아 있어야 하기 때문이다. 정통 번역 기관에 몸담고 있는 사람으로서 제대로 된 번역의 무게를 잃어서는 안 되지 않겠는가? 이런 책임감과 그에 따른 두려움을 안고 숱한 철학 용어를 풀어내려 고생고생하다 보니 내가 겁도 없이 엄청난 작업에 뛰어들었구나 싶었다. 《논어》에 대한 진짜 공부가 이때부터 시작되었다고 해도 과언이 아니다. 공자가 제자 자로子路에게 이런 말을 한 적이 있다.

> "자로야, 진짜로 아는 것이 뭔지 알려줄까? 아는 것은 안다고 하고 모르는 것은 모른다고 하는 것, 이게 진짜로 아는 것이야."

비로소 이 말이 실감이 났다. 아는 것을 안다고 하고 모르는 것을 모른다고 하려면 내가 무엇을 아는지 정확히 파악해야 한다. 정확히 안다고 할 수 있을 때 모르는 것을 모른다고 말할 수 있는 것이다. 설피 아는 사람은 대개 자신이 모르는 것도 안다고 믿는다. 그래서 선무당이 사람을 잡는다. 온갖 책을 붙들고 《논어》와 씨름하면서 나는 비로소 이제껏 내가 《논어》를 제대로 알지 못했다는 것을 알았다.

개념어를 풀 때는 일부러 일대일 대역어를 찾거나 만들지 않았다. 불가능하기 때문이다. 공자도 이런 개념어에 대해 명확히 정의 내려 말한 적이 없었으므로 한마디로 단정하기 어렵고 단정할 수도 없었다.

그래서 상황에 따라 의미를 최대한 살려 번역했다. 이를테면 인仁은 '사람다움'을 기본으로 경우에 따라 '사랑'이라 풀기도 했다. 군자君子의 경우는 '지도자' '진짜 지성인' 혹은 '성숙한 지성인' 등 상황에 맞추어 가장 알맞게 풀어냈다. 이밖에 공자가 아주 옛날 사람이기 때문에 그때의 문화를 드러내는 용어도 새롭게 풀었다. 예를 들어 소가 끄는 수레라든가 말이라든가 해진 솜옷, 담비 가죽옷 같은 것도 자동차 혹은 비싼 외제차, 깔깔이, 밍크코트 등의 현대어로 바꾸었다.

예로 들면, 《논어》〈위정爲政〉 편에 이런 구절이 있다.

"子曰, 學而不思則罔, 思而不學則殆."

이것을 직역하면 다음과 같다.

○ 공자께서 말씀하셨다. "배우고 생각하지 않으면 얻는 것이 없고, 생각하기만 하고 배우지 않으면 위태롭다."

나의 번역은 이렇다.

○ 공자가 말했다. "지식을 쌓기만 하고 자기 생각이 없으면 고학력 앵무새, 자기 생각만 있고 제대로 된 지식을 쌓지 않으면 사람 잡는 선무당."

선호도가 있는 번역이지만 확실한 것은 재미있게 《논어》를 읽을 수 있다는 점이다. 내게 상당히 벅차지만 아주 의미 깊은 작업이었다. 비로소 내가 해야 할 '온고지신溫故知新'의 방향성을 찾을 수 있었기 때문이다. 내가 해나가야 할 작업의 방향을 깨우쳤고 그래서 쓰고 싶은 주제가 생겨났다.

아주 오랫동안 한문과는 상관없이 살아왔기에 나에게는 내 안에 젖어 있는 옛 분위기나 깊은 한문의 전통이 없다. 그 대신 '현대'를 즐기며 심리학을 전공하고 미술 잡지 기자로 일하면서 계속 더 발전된 도시문명 속에서 살 거라 생각했던 사고방식과 그 안에서 쌓은 지식, 글쓰기, 문화를 보는 눈이 있다. 처음 한문을 배울 때는 한문에 대한 기초가 없는 것이 나를 매우 힘들게 하는 걸림돌이었지만 어느 정도 성장하고 나니 내가 지닌 현대적 감각과 그 속에서 습득한 기능이 한문과 현대에 다리를 놓는 좋은 장점이 되어주었다.

번역 외에 역사책을 쓸 기회도 주어졌다. 역사문헌을 번역하니 어쩌면 당연한 수순일지도 모르겠다. 이 역시 번역과 마찬가지로 과거와 지금 여기 사이에 다리를 놓아보려는 시도의 하나였다. 한마디로 '역사와 시사'라고 할까?

조선은 왕정국가이고 대한민국은 민주국가인데 우리는 종종 왕정국가의 역사를 민주국가에 그대로 대입하는 우를 범한다. 그래서 오늘에 맞게 역사를 보려면 역사를 보는 눈을 좀 더 다각화해야 한다. 일단 가장 힘겨운 부분이 왕정국가에서 나라의 주인은 '왕'이고 민주국가에서 나라의 주인은 '평범한 나'라는 사실을 뼛속 깊이 새기는 일이다. 이런 기준이 있어야 지나간 역사를 유연하게 바라볼 수 있다.

우리는 우리가 민주주의국가에서 살며 민주주의국가의 주인은 국민이라는 점을 머리로는 알지만 가슴으로는 알지 못한다. 그래서 의식적으로도 무의식적으로도 일상에서 우리가 나라의 주인임을 주장하지 못한다. "나 하나가 문제 삼는다고 뭐가 바뀌나?" "나 하나 꿈꾼다고 되겠어?" 대체로 우리는 과거의 왕을 지금의 대통령이나 큰 단체 혹은 기업의 수장에게 대입하곤 하는데, 이것이 바로 이런 사고방식을 잘 드러내는 예라 할 수 있다.

고전을 새롭게 번역하고 역사문헌을 오늘의 시사에 맞게 풀어내면서 나는 자연스레 과거와 오늘을 비교·대조하는 데 더욱 많은 시간을 쏟게 되었다. 오늘에 좀 더 유익하게 역사를 바라보려면 어떻게 하는 것이 좋을까? 오늘의 시사를 잘 해결하려면 역사의 어떤 예를 살피면 좋을까? 우리가 당면한 개인과 사회의 문제를 지혜롭게 해결할 수는 없을까? 고민은 깊어지고 지금도 여전히 이어지는 중이다.

책 쓰기는 또 다른 가지를 치고

책을 쓰다 보니 생각지 않게 새로운 일이 또 이어졌다. 어떻게 알았는지 신기하게도 강의가 하나둘 들어오기 시작했다. 대개 일회성 특강이 많지만, 가끔 몇 회나 몇 주 정도 이어지는 연속 강의가 들어오기도 했다. 동양고전 개론, 《논어》나 《맹자》 강의, 고전을 통해 보는 리더십이나 우정 등 주제 또한 제각각이었다. 동양고전의 지혜를 오늘의 삶에 접목해보자는 책의 취지는 운 좋게도 방송으로 이어졌다. 책 홍보를 위해 라디오 방송에 출연했다가 코너 하나를 덜컥 맡으면서 방송일도 하게 된 것이다.

물론 일이 많아진 만큼 그만큼의 시간과 노력과 준비가 필요해졌다. 나름대로 공부하고 원고를 작성해 예습(?)도 철저히 해 갔다. 하지만 세상일이 어디 계획한 대로 흘러가는가. 강의와 방송을 하다 보면 크든 작든 반드시 돌발상황이라는 게 발생한다.

그중 교도소에서 진행한 강의가 기억에 남는다. 그날도 여느 때처럼 사전에 강의 내용을 준비해 가긴 했는데 막상 재소자들을 만나고 보니 무슨 말을 어떻게 하면 좋을지 엄두가 나지 않았다. 강의가 듣고 싶기는커녕 어쩔 수 없이 앉아 있다는 것을 무관심하고 무신경한 몸짓과 눈짓으로 보여주고 있었다. 이 사람들에게 한문을? 어떡하면 좋을까……. 문득 《맹자》의 우산장牛山章이 떠올랐다. 준비해 갔던 강의 내용을 순간 바꿨다.

제나라 도성 근처에 우산이라는 산이 있는데 그 산은 풀마저 제대로 자라지 않는 민둥산이다. 모든 사람이 쓸모없는 산이라고 혀를 끌끌 찬다. 그러나 맹자는 우산이 원래 아름다운 산이었다고 말한다. 다만 근교에 있다 보니 사람들이 아무 때나 들락거리며 자기들 필요한 대로 나무를 해 갔고, 새싹이라도 조금 올라 올라치면 가축을 풀어서 다 먹어치워버렸다고. 그래서 지금 이렇게 민둥민둥하게 되어버린 것이라고. 이 모습만 보고 사람들은 원래 저 산에는 좋은 재목이 없었다고 말하지만 이것이 어찌 산의 본성이겠느냐고 되묻는다. 그러면서 말을 잇는다.

"사람 안에 있는 것도 마찬가지입니다. 사람을 사랑하고 아끼는 마음과 사람으로 올바르게 행하려는 마음이 왜 없었겠습니까? 그 타고난 좋은 마음을 놓쳐버린 것이 나무에 도끼질을 해서 매일매일 베어내는 것과 같으니, 그러고서는 도저히 아름다울 수 없는 것이지요. 물론 그 타고난 좋은 마음은 밤낮으로 자라고 새벽의 맑은 기운으로 적셔지는 것이 있을 테지요. 그러나 무언가를 좋아하고 싫어하는 것이, 즉 선악을 바라보는 시선이 다른 사람들과 비슷한 점이 거의 없는 건 낮 동안 하는 짓이 그 마음을 억눌러 사라지게 하기 때문입니다. 이렇게 억눌러 사라지게 하는 일이 반복되면 차분한 밤에 자라난 착한 마음은 보존될 수 없고, 밤사이 자라난 착한 마음이 보존될 수 없으면 곧 짐승과 다를 바 없게 됩니다. 사람들은 그의 짐승 같은 행위만 보고 그에게 처음부터 좋은 마음이란 없었다고 생각하지만 이것이 어떻게 그 사람의 본성이겠습니까?

정말이지 잘만 길러주면 잘 자라지 않는 것은 없습니다. 그러나 마찬가지로 제대로 길러주지 못하면 그 어떤 것이든 사라지고 말죠. 공자께서 '잘 붙잡으면 보존되고 놓으면 잃어버려서 나고 드는 데 정해진 때가 없고 어디로 가는지도 알 수가 없다는 건 오직 사람의 마음을 두고 한 말일 것입니다'라고 하신 말씀은 참으로 의미심장합니다."

맹자의 인용이 이어질수록 강의를 듣던 재소자들의 눈빛이 반짝이기 시작했다. 눈물을 보이는 사람도 있었다. 이 대목은 인간의 가능성을 무한대로 긍정하는 내용을 담고 있어서 《맹자》를 읽을 때마다 나도 위로받곤 했다. 세상이 모두 나의 지금 모습만 보고 나를 몰아세울 때 맹자는 위로한다. 너는 참 아름다운 본성을 가지고 있다고, 다만 너를 둘러싼 환경이 잔인했던 거라고, 보호받고 성장할 기회를 조금만 가질 수 있으면 너도 튼튼한 나무가 우거진 멋진 숲이 될 수 있다고.

재소자들에게 강의를 하면서 나도 세상을 다시 보게 되었다. 나는 인간의 가능성에 대해 얼마나 긍정하는가. 인간은 믿어주는 대로 행동하는 경향이 있다. 이런 점을 생각한다면 나와 우리는 정말 많은 사람을 놓치고 있는 게 아닐까?

이처럼 불특정 다수를 상대로 강의를 하면서 내 공부는 더욱 늘어갔다. 처음 특강이란 걸 하게 되었을 때는 정말 아무 생각이 없었다. 그냥 준비한 강의만 하면 되겠지 하는 가벼운 마음이었다. 이런 내 안이함을 산산조각 내고 심지어 강의를 무섭게 느끼게 된 건 자유질문 시간을 겪으면서였다.

번역원에서 회의하고 토론할 때는 아무리 격렬하게 의견이 오가도 일정한 범위 안에서 이뤄진다. 서로 하는 일이 비슷하다 보니 배경지식이 비슷하고 알고 있는 수준에 대한 짐작이 거의 정확해서 무슨 질문이 오갈지도 대충 예상할 수 있다. 그러나 대중강의는 전혀 아니었다. 질문을 도무지 예상할 수 없었다. 뭐든 질문할 수 있고, 그게 뭐든 나는 대답해야 했다. 질문 내용은 동양고전과 역사 전반에 걸쳐 있었고, 때로 질문자 자신이 현재 겪고 있는 문제를 공자나 맹자의 지혜에 비추어 풀어주길 바라기도 했다.

번역원의 울타리를 벗어나고 나니 내가 공부해야 할 세상이 얼마나 넓은지 알게 되었다. 번역원에 있을 때는 주로 유학만 공부하면 되고 그것도 성리학의 범주 내에서 공부하면 충분했다. 조선의 분위기가 그랬기 때문이다. 그러나 번역원 바깥에서 이야기할 때는 세상 사람들의 다양한 시선을 포용하고 더 많이 소화해 다채롭게 이야기해야 했다. 제자백가도 알아야 하고, 유학의 역사도 알아야 하며, 아울러 중국의 역사와 조선의 역사를 알아야 했다. 나는 다시 한 번 쏟아지는 지식의 비바람 한가운데 서게 되었다. 하나를 제대로 설명하기 위해서는 생각보다 아주 많은 것이 필요했다. 그러니 계속 공부에 매진할 수밖에 없었다.

방송도 그래서 기꺼이 맡겠다고 한 것이다. 많은 공부가 필요한 건 알지만 사실 혼자서 계획을 세우고 계획대로 공부하지는 못하는 편이다. 외부에서 압박하는 힘이 있어야 떠밀려 꾸역꾸역 공부한다. 초·중·고등학교 내내 이어진 좋지 않은 습관이지만 여태 고쳐지지 않아 남이 뭐라지 않는데도 알아서 공부하는 스타일이 전혀 아니다. 그래서 외부 일을 넙죽넙죽 받아들이는 편이다. 그래야 공부하고, 그래야 억지로라도 나를 확장해갈 수 있기 때문이다. 내용 없는 방송을 하는 건 청취자에 대한 예의가 아니다. 어떻게 하면 더 알차게 할 수 있을까 매일 고민하며 책을 뒤진다. 이 덕분에 계속 공부하게 된다.

가끔 이런 나를 돌아보면 조금 웃음이 나기도 한다. 이렇게 열심히 공부하며 살 생각은 정말이지 1도 없었는데 버거울 만큼 공부에 치여 사는 나를 보면 그렇다. 처음 소개팅한 남자가 서울대 영문과에 합격한 아이였는데 시험 범위를 다 공부하지 못하면 잠을 안 잤다는 말에 '쟤는 나랑 종류가 다른 인간이구나!' 하며 헤어졌던 나다. 공부와 잠을 바꾸는 모습이 기가 막혔다. 그러던 내가 늦깎이로 공부를 시작하면서부터 처음엔 한자와 한문의 폭우에, 번역가가 되고 나서는 역사와 용어와 제도의 폭우에, 작가가 되고 나서는 더욱 다양한 철학과 인물과 역사와 시사의 폭우에 젖어 산다. 인생은 참 알 수 없는 것이다. 길이 보여 접어들면 걷게 되고, 걷다 보면 또다시 새로운 길이 이어진다. 신기할 따름이다.

번역보다,
개인보다,
조금은 더 큰 이야기

번역을 하는 입장에서, 또 그것을 소재로 확장해 글을 쓰는 입장에서 요즘 대한민국을 보자면 지금이야말로 그 어느 때보다 공격적인 번역사업이 필요하다는 생각이 든다. 현재 대한민국은 새로운 국운을 맞이하고 있다고 해도 과언이 아닐 정도로 세계의 주목을 받고 있다. 그야말로 전 세계가 한류로 들끓고 있다. 이제껏 한 번도 제대로 알려진 적 없던 나라가 갑자기 세계인의 시선을 한 몸에 받고 있는 것이다.

2016년 가을, 정권의 비리가 알려지며 시민들은 손에 촛불을 들었고 그렇게 평화시위를 지속해 결국 이듬해 정권 교체를 이뤄냈다. 촛불집회는 평범한 국민의 승리였고, 민주주의의 승리였으며, 세계가 여기에 주목했다. 이듬해 봄 판문점에서는 남북정상회담이 열렸고, 세계는 다시 놀라움 속에 대한민국을 주목했다. 또 그다음 해 봄의 문턱에서 봉준호 감독이 영화 〈기생충〉으로 아카데미 영화상 네 개 부분을 휩쓸며 전 세계가 '기생충 앓이'에 빠져들었다. 그리고 2020년, 예기치 못한 전염병이 퍼져 전 세계가 혼란스러운 와중에 대한민국은 방역과 경제를 성공적으로 수습하는 모습을 보였고, 세계는 다시 한 번 대한민국의 저력에 놀랐다. 또한 코로나로 인해 영상산업의 중심이 영화관에서 OTT서비스로 이동하는 지금, 〈킹덤〉과 〈스위트홈〉〈오징어게임〉〈지옥〉 등 넷플릭스의 투자를 받아 제작된 우리나라의 각종 드라마와 영화가 공전의 히트를 치며 세계인을 흥분시켰다. 그렇게 우리나라는 호기심을 끄는 나라에서 워너비 나라로 위상을 달리하며 힘차게 떠오르고 있다.

어디에 있는지도 모르는 작은 나라가 세계의 주목을 넘칠 정도로 받고 있다. 당연히 우리의 욕심 주머니가 점점 커지고 있지 않을까? 매우 기쁘고 신나는 시기이기도 하지만 한편으로 이 욕심 주머니가 나는 걱정스럽기도 하다. 갑작스러운 성공에는 언제나 급하고 과한 욕심이 따라붙게 마련이고 그 때문에 내실을 기하지 못하게 되면 추락은 한순간이다. 세계가 우리의 무엇에 주목하고 있는지 냉정하게 따져봐야 우리가 어떤 것에 지속적으로 관심을 기울여야 승산이 있는지 알 수 있다.

사실 우리나라는 지난날 세계와 많은 교류를 하지 않았다. 교류를 시작했을 때는 힘이 약해서 항상 을의 위치에 있던 터라 억울한 일도 많이 당했다. 그만큼 위축되었고, 그래서 우리를 알리는 데 열심이지만 남을 잘 알려 하지 않는다. 한마디로 세계의 역사와 문화에 매우 취약한 편이다. 그러나 이제 거대한 전환이 필요하게 되었다. 우리 쪽에서 먼저 공격적으로 각 나라의 역사와 문화를 넓고 깊게 이해하고 보다 적극적으로 교류해야 하는 시점이 된 것이다.

이때 필요한 것이 무엇보다 번역이다. 한문을 하면서 그런 생각을 했다. 서양의 라틴어와 같은 역할을 동양에서는 한문이 해왔다. 동아시아 쪽은 전부 문자 표기를 할 때 한문을 사용하니까. 그렇다면 우리 쪽에서 각국의 옛 문서를 살펴 아시아의 정신문화를 정리해볼 수 있지 않을까?

선진국이 된다는 것은 다만 부유해지는 것이 아니라 세계의 균형자 역할을 할 수 있고, 또 해야만 하는 위치에 서게 된다는 것을 의미한다. 자꾸 우리나라 역사를 훔치려는 이웃 나라의 공세에 수세적으로 반응할 것이 아니라 다른 나라와 힘을 합쳐 새로운 기준을 세워 공세적 입장으로 전환하려면, 선진국만이 아니라 약소국의 역사와 문화에도 깊이 있는 접근이 필요하다.

그런 작업의 최전방에 번역이 있다. 우리나라가, 혹은 우리나라 사람들이 번역을 생각하는 넓이와 깊이가 조금 더 확장되었으면 좋겠다. 다른 이들이 잘 선택하지 않는 언어의 전문가들을 나라에서 좀 더 적극적으로 키워내야 한다. 대개 지금까지 타국의 역사와 문화를 엿보거나 공부한 이들은 그 나라를 침략하려는 목적을 갖고 있었다. 그리고 우리는 그런 제국주의의 희생자였다. 이제 우리가 그들과는 전혀 다른 번역과 연구 결과를 보여줄 차례다. 이 땅에 아름다운 민주주의를 세운 나라로서 다른 나라의 역사와 문화를 연구해 상호 올바른 유익을 추구할 수 있음을 알리기 위해 한 걸음 내디뎌야 한다. 그렇게 되면 우리 소설과 드라마와 영화와 노래가 다루는 내면과 외연이 더 넓고 깊어질 수 있다.

적극적이고 공격적인 번역사업을 위해 가장 먼저 해결해야 하는 문제로 국어사전이 있다. 우리 국어사전은 사실 너무나 빈약하다. 최근 UN이 한국어를 공식 언어로 채택함으로써 한국어는 엄청난 위상을 갖게 되었다. 그런데 혹시 생각해보았는가. 이 한국어를 오직 한반도에서만 사용하고 있다는 사실 말이다. 우리가 망치면 망하고 살리면 살아나는 게 한국어의 운명이다. 우리가 없애면 이 언어는 사라진다.

그러나 오랫동안 약소국으로 살아온 우리는 한국어를 그리 소중히 생각하지 않는 것 같다. 모국어니까 그냥 사용할 뿐이지 영어에 들이는 노력의 반의 반의 반의 반도 들이지 않는다. 한류 열풍이 전 세계를 휩쓰는 상황에서도 잘만 쓰던 우리말을 영어 단어로 열심히 바꿔가고 있다. 주차는 '파킹'이 되고, 대리주차는 '발레파킹'이 되었으며, 풍경·풍광·전경·경치·전망은 모두 '뷰'가 되었다. 무인판매대는 '키오스크'가, 열쇠는 '키'가, 허리띠는 '벨트'가, 종잣돈은 '씨드머니'가, 기념품은 '굿즈'가 되었다. 그래서인지 사전도 빈약하다.

한문번역을 할 때 사용하는 한문사전은 중국에서 나온 것이든, 일본에서 나온 것이든, 한국에서 나온 것이든, 대체로 한 권당 백과사전 크기로 15권 가량이다. 영어 단어를 집대성한 옥스퍼드 사전의 위상은 굳이 입 아프게 말하지 않아도 누구나 잘 알 것이다. 옥스퍼드 사전에 올해 새로운 단어가 몇 개 등재되었는지로 한국어의 위상이 얼마나 올라갔는지 가늠하는 형국이다. 오로지 우리만 가다듬고 정리할 수 있는, 오직 우리만 사용해와서 우리가 가다듬고 정리해야만 하는, 우리 언어 우리글은 아직까지 이런 사전이 없다. 모든 단어를 총망라하고 어원을 정리해서 이것이 '한국어'라고 선언할 만한 사전이 정말로 필요하다.

번역을 하다 보면 수도 없이 사전을 펼친다. 사전 없는 번역은 생각할 수가 없다. 번역하는 언어의 사전도 필요하지만 국어사전도 못지않게 필요하다. 다양한 뜻과 용례와 어원을 알아야 제대로 활용해서 번역할 수 있기 때문이다. 나는 번역을 할 때마다 우리 사전에 아쉬움을 느낀다. 번역하면서도 이럴진대 앞으로 세계 공용어 중 하나로 뻗어나갈 한국어에 아직 제대로 정리된 사전이 없다는 사실이 사무치게 안타깝다. 조금 늦은 감이 있지만 이제라도 시급히 사전사업을 시행해서 진짜 멋진 한국어사전을 만들고, 우리의 말과 글이 세계 속에 바른 모습으로 반짝일 수 있으면 좋겠다. 이제 총력을 기울여 우리 문화의 핵인 우리 언어를 정리하고 집대성할 시간이다.

글을 마치며

과거와 오늘을 잇는 다리가 되어

어떻게 번역하는 사람이 되어 어떤 번역을 하고 있는가로 시작한 이야기가 무려 한류를 어떻게 확대해야 할지에 관한 이야기로 끝을 맺었다. 걸어온 삶이 늘 예상보다 다양한 방향으로 튀었기 때문에 그런 것 같다.

번역가가 꿈이었던 적은 없다. 우연히 한문이 보였고, 생각보다 재미있기에 뛰어들었다. 뛰어들고 보니 그래도 내가 '한문을 했다'라고 말할 수 있을 만큼은 되어야 투자한 시간이 헛되지 않을 것 같았다. 그래서 상임연구원까지 도전해 번역가의 길을 걷게 되었다. 내가 선택한 한문번역의 길은 여러 갈래 중에서도 역사문헌이고, 이 분야를 번역하려다 보니 조선 후기부터 시작해서 조선의 역사와 제도를 익혀야 했다. 어느 정도 익숙해질 무렵 우연히 SNS에 손을 대었고, 그렇게 대중서 작가의 길에 접어들었다. 그러나 작가가 되고 보니 공부해야 할 것이 훨씬 더 많아졌다. 최소한 거짓말이나 거짓을 참인 양 말하는 사람은 되지 않기 위해 힘닿는 데까지 공부하고 있다. 돌아보면 조금이라도 살짝 보이는 무언가가 있으면 그것에 민감하게 반응하며 살아온 것이 지금까지의 내 이력을 만들지 않았나 싶다.

어떤 직업이나 일을 꿈이라고 말한다면 나에게는 꿈이 없는 셈이다. 그러나 어떤 사람이나 어떤 삶의 자세를 꿈이라고 말한다면 나에게도 꿈은 있다. 나는 유학으로 표현한다면 '인仁'한 사람이 되고 싶다. 인은 '사람다움'이라고도 할 수 있고 '사랑'이라고도 할 수 있다. 다르게 표현하면 인이란 '사람에 대한 사람다운 사랑'이라고 할 수 있다. 그리고 여기서 의義가 파생된다. 의란 '그 사랑의 현실적 실천'이라고 말할 수 있다. 사람다운 사랑이란 공公적인 사랑의 의미를 담는다. 인간은 반드시 공동체를 형성하며 사는데, 본능을 따르는 사랑은 사私적이다. 나, 내 자식, 나와 가까운 사람만을 향한 사랑은 오히려 타인을 해치게 된다. 그래서 인간은 본능적 사랑을 넘어 정의와 옳음을 말하고 실천하게 된다. 그러므로 의義는 사람다운 사랑의 현실적 실천이 되는 것이다. 이것을 실천해야만 사람다운 사람이 될 수 있다.

감히 꿈꾸어도 좋을까 싶을 정도로 큰 꿈이다. 용기 없고 나약한 내가 선택하기에는 너무나 거창할지도. 그러나 지금까지 공부하고 생각하며 발견한 내 꿈은 현재 이것이다. 내 번역과 번역을 통해 알게 된 옛 세상과 오늘의 세상 사이에 다리를 놓는 나의 글에 이런 가치가 녹아 있기를 바란다. 그래서 할 수 있는 한 온 힘을 다해 공부한다. 주어진 기회를 거절하지 않고 받아들이며 이 꿈이 세상에 전달되기를 바란다.

여전히 한문은 내게 어렵다. 알아야 할 것이 너무 많고, 번역문을 앞에 두고 망설여지는 대목도 너무 많다. 세상은 넓고 잘난 사람은 많으며 그들에 비해 나는 너무나 작다. 작은 나에게 늘 초라함을 느끼고 좀 더 해보자 채근하는 게 일상이다. 한문으로 가득한 글을 보면 마냥 반갑지 않고 겁부터 난다. 그래도 기꺼이 다가서서 본다. 조금 더 고민하고 조금 더 애쓰면 한문이라는 창을 넘어 한문으로 가려졌던, 우리가 진짜 눈에 담아야 하는 세계가 보이기 때문이다. 그렇게 한문이라는 창 너머의 세계를 바라보며 번역해 세상에 전달하고, 거기서 발견한 새로운 생각을 글로 써서 다시 세상에 이야기한다. 한마디로 '온고지신'이 지금 내가 하고 있는 일이다.

그런데 《논어》 원문을 살펴보면, '溫故而知新온고이지신'이라고 되어 있다. 온고와 지신 사이에 '而이'가 있는 것이다. '而'는 둘을 이어주는 순접 접속사다. 바로 이 접속사가 중요하다. 만약 이것이 없다면 온고는 온고일 뿐이고 지신은 지신일 뿐이다. '而'라는 다리가 놓여서 비로소 둘은 연결된다. 현대어가 아니라 옛글을 번역하는 사람은 '而'라는 접속사의 역할을 하는 사람이다. 현재에 잇대어야 비로소 과거는 제대로 빛날 수 있다. 그래서 옛글을 번역하는 사람의 시선은 오히려 언제나 현재를 향하고 있어야 한다.

오늘을 봐야 내가 다음에 어떤 걸음을 걸을지, 어디로 가야 할지 알 수 있다. 여전히 번역을 하고 있지만 나의 다음 걸음이 어디로 향할지는 나도 잘 모르겠다. 다만 지금 내가 걷는 걸음이 허황되지 않고 꾹꾹 눌러 걷는 성실한 걸음이기를 바란다. 지금의 걸음이 성실하다면 다음의 걸음이 새 길을 걷게 되더라도 내 걸음의 호흡을 놓치지 않을 테니까. 보이지 않는 미래를 마음껏 기대해본다.